本书系2019年教育部高校思想政治工作精品项目“青学社工:‘校地+专业’协同实践育人体系建设”、2022年度广西高等教育本科教学改革工程项目“基于OBE理念建构社会工作专业学生实务能力培养模式研究与实践”(编号:2022JGA238)的成果。

高校社会工作教育与实践的本土化探索

——基于“青学社工”大学生社会实践基地项目

崔 娟 著

合肥工業大學出版社

图书在版编目(CIP)数据

高校社会工作教育与实践的本土化探索:基于"青学社工"大学生社会实践基地项目/崔娟著. —合肥:合肥工业大学出版社,2022. 8

ISBN 978-7-5650-5852-3

Ⅰ. ①高…　Ⅱ. ①崔…　Ⅲ. ①高等学校—社会工作—研究　Ⅳ. ①G640

中国版本图书馆 CIP 数据核字(2022)第 069008 号

高校社会工作教育与实践的本土化探索

——基于"青学社工"大学生社会实践基地项目

崔　娟　著　　　　责任编辑　郭娟娟

出　版	合肥工业大学出版社	版　次	2022 年 8 月第 1 版
地　址	合肥市屯溪路 193 号	印　次	2022 年 8 月第 1 次印刷
邮　编	230009	开　本	710 毫米×1010 毫米　1/16
电　话	人文社科出版中心:0551-62903200	印　张	11.5
	营销与储运管理中心:0551-62903198	字　数	163 千字
网　址	www. hfutpress. com. cn	印　刷	安徽昶颉包装印务有限责任公司
E-mail	hfutpress@163. com	发　行	全国新华书店

ISBN 978-7-5650-5852-3　　　　定价: 39.00 元

前　言

1971年联合国第五次社会工作训练的国际性调查中，为了质疑欧美社会工作理论应用于其他国家（尤其是发展中国家）的适切性，首次将本土化的概念应用于社会工作领域。自此，社会工作本土化成为学术和实践领域积极关注的议题。具体而言，社会工作本土化是指外来的、国际的、先进的社会工作经验，进入社会工作欠发达国家或地区用以指导、改造其本土社会工作（本土助人活动）的过程（王思斌，2001）。社会工作本土化，实现社会工作本土知识建构，成为中国社会工作理论发展、社会工作实务过程与发展干预中的一个核心议题，也是社会工作理论发展和实务推进中的一种自觉的群体性、自主性、自明性和反思性的学术取向和实务导向（潘泽泉，2014）。

社会工作是最重视现实的学科，它要求理论能够解释现实，方法适应社会需求。社会工作教育的本土化是要建立适应本国、本地区的文化和社会制度的社会工作体制，从而减少在异文化和国情下产生的社会工作理论与方法应用于本国、本地区时出现的“生搬硬套”之嫌，以及“水土不服”现象。因此，如何在社会工作理论发展和社会工作实务过程中发掘中国本土的社会现实、社会特性、文化传统资源，并在此基础上寻求本土社会工作理论和社会干预技术创新，非常有必要。广西科技大学“青学社工”大学生社会实践基地项目就是基于上述议题的高校社会工作教育与实践的本土化探索。

目　录

第一篇

比较视野下高校社会工作教育与实践

第一章　高校社会工作教育与实践的中国语境：历史脉络与本土建构

一、高校社会工作教育与实践的历史脉络

我国社会工作教育从20世纪20年代开始，至今已有百年的发展历史。从社会工作首次引入中国到社会工作教育的恢复重建，再到社会工作教育的迅猛发展，我国高校社会工作教育与实践相辅相成、交错相融。

（一）中国社会工作教育发展历史脉络

社会工作于1920年首次引入中国，但在1950年初期，由于历史等原因，社会工作作为大学学科和国内专业被淘汰。1979年，随着国家经济体制转型，社会工作于1988年恢复为我国大学的课程（王思斌、阮曾媛琪、史柏年，2014）。由于社会工作专业教育体制优先于社会发展，社会工作没有得到广泛的社会认可，社会工作行业发展比较滞后。2000年前后，社会工作专业教育在高校开始逐步形成规模。2006年，党和国家提出“建设宏大的社会工作人才队伍”，之后，社会工作在“量”上取得的成绩引人瞩目（王思斌、邹文开，2016）。我国政府提出“构建和谐社会”的一系列政策举措不仅加快了社会工作的专业化进程，也彻底改变了中国社会工作发展的轨迹（Yuen-Tsang&Wang，2008）。

自从1988年中国社会工作教育重新引入，社会工作专业的发展经历了几个发展阶段，开始了突飞猛进地增长。

1. 1988—1998：社会工作教育体系重建

1988年，我国国家教委批准5所高等教育机构开办学位层次的社会工作教育。高校的社会工作教育专业教师通过参加短期培训、从港台同行试探性地学习来教授社会工作。20世纪90年代社会工作教育的发展遇到了很大的困难和压力，如：公众缺乏对社会工作专业的认可和理解；社会工作专业人士与政府干部角色出现定位不清晰；社会工作教师缺乏系统的专业培训；社会工作毕业生缺乏职业前景等。

1994年，中国社会工作教育协会（CASWE）成立，旨在培养社会工作教育工作者之间的专业情谊，促进中国社会工作教育的进步。中国社会工作教育协会为后期我国社会工作教育的发展和推动社会工作专业化发展发挥了关键作用。

2. 1999—2005：社会工作教育的快速发展

1988年至1999年，设有社会工作专业的院校从5所增加到27所。1999年，国务院批转教育部《面向21世纪教育振兴行动计划》，大学招生比例逐年提高。社会工作教育的学位水平得到了最快增长。开设有社会工作课程的大学数量从1999年的27所增加到2005年的172所（Yuen-Tsang&Wang，2008）。然而，由于快速扩张和发展，很多高校的社会工作课程和实习没有足够的人员配备、专业的社会工作教师。面对上述困境，中国社会工作教育协会开始起草和制定社会工作教育的相关课程方案，并筹划和举办一系列社会工作教育培训班，邀请来自中国香港、台湾地区和海外的专家帮助其进行强化培训，很多高校社会工作教师被派去攻读社会工作硕士和博士学位（王思斌、阮曾媛琪、史柏年，2014）。

3. 2006年至今：我国社会工作教育的制度化

改革开放40多年来，中国的经济体制改革取得了举世瞩目的成绩，但经济增长的同时也带来了一系列的社会问题。2006年，中共十六届六中全会《关于构建社会主义和谐社会若干重大问题的决定》中提出，大力推进一系列有利于民生的制度建设，同时做出“建设宏大的社会工作人才队伍”的战略部署，建立健全以培养、评价、使用、激励为主要内容的政策措施和制度保障，确定职业规范和从业标准，加强专业培训，提高社会工作人员的职业素质和专业水平；提出要制定人才培养规划，加快高等院校社会工作人才培养体系的建设，抓紧培养大批社会工作急需的各类专业人才。2010 年 4 月，中共中央、国务院发布《国家中长期人才发展规划纲要（2010—2020 年）》，把社会工作人才作为重点发展的专业人才。2012 年，我国 19 个部委和群团组织联合印发《社会工作专业人才队伍建设中长期规划（2011—2020 年）》，明确了培养专业人才支持和谐社会发展的迫切需求，并提出了到 2015 年培养 50 万名社会工作者、到 2020 年培养 145 万名社会工作者的目标。

为了支持政府推动社会工作教育的倡议，国务院学位委员会于 2009 年同意大学开设社会工作硕士课程。2009 年至 2011 年，全国共有 58 所重点高等教育机构获批开设社会工作硕士学位点。截至 2015 年 6 月，有 310 所大学和学院开设学位水平的社会工作课程，104 所开设社会工作硕士课程，另有 60 多所学院提供大专层次的社会工作专业教育（CASWE，2013）。截至 2021 年 10 月，有 325 所大学和学院提供社会工作本科课程，另外有 180 家大学获准招收社会工作硕士研究生。

（二）推动我国社会工作教育快速发展的因素

我国社会工作教育快速发展的背后有多种因素：如市场经济的快速发展带来的一系列社会问题，社会工作教育界相关部门的共同努力，国家政策的支持和引导，以及来自国际社会工作教育界的坚定支持。

1. 我国经济的快速发展以及引发的相关社会问题

1978 年我国开始实行对外开放政策。随着国家经济体制改革，原有的公有制和“大锅饭”制度向“社区制”进行转变，并伴随着一系列社会问题，如贫困、失业、犯罪、腐败以及贫富差距的扩大。国家非常迫切寻找解决上述问题和维护社会稳定的方法。雷洁琼女士、费孝通先生等著名学者和国家领导人提出将社会工作重新引入大学课程中，通过培育社会工作者来帮助解决市场经济造成的社会问题（Yuen-Tsang&Wang，2008）。

2. 我国社会工作教育界的努力坚持和积极推动

新中国成立前从事社会工作教学的社会工作学者强烈主张将社会工作重新纳入大学课程，其影响力和实践行为对我国社会工作的恢复起到了至关重要的作用。年轻一代的社会工作教师队伍，通过自学、短期培训、实习、在香港和海外攻读社会工作硕士（MSW）和社会工作博士（DSW）学位等方式弥补了自身在社会工作专业上的不足（王思斌、马凤芝，2011）。中国社会工作教育协会成立后，逐渐成为与社会工作教育相关的网络、培训和政策宣传的国家平台。中国教育部社会学课程咨询委员会推动了中国社会工作教育的发展，并于2009年在国内高校推进社会工作硕士项目（王思斌、阮曾媛琪、史柏年，2014）。

3. 政府对社会工作教育的政策支持

2006年，政府提出“建设宏大的社会工作人才队伍，造就一支结构合理、素质优良的社会工作人才队伍，是构建社会主义和谐社会的迫切需要”，极大地推动了社会工作教育的快速发展。19个部委和群团组织联合印发的《社会工作专业人才队伍建设中长期规划（2011—2020年）》，为我国社会工作教育发展注入了新动力，巩固甚至提升了社会工作专业人才队伍的建设水平。这些政策促进社会工作成为大学规范学科，培养能够对改善社会问题发挥作用的社会工作者。

除了上述直接对社会工作教育的支持之外，相关政府部门还间接支持社会工作教育的发展，提供资源支持一线社会工作者的专业培训、试点项目的开展，以及购买由高校社会工作部门设立的服务机构提供的社会服务，试图通过高校教师领办的社会工作机构为专业学生的实习提供直接的实习机会和未来的就业岗位。上述措施有助于扩大我国社会工作服务的广度和范围，有助于为教师和学生提供实习实践机会，同时弥合了我国社会工作教育理论和实践的整合差距。

4. 国际社会工作教育界的大力支持

20世纪90年代至21世纪初期，香港社会工作教育界对我国社会工作教育给予了重要的支持。由于位置临近以及共享文化遗产和语言，香港成为合作和培训目的地最合乎逻辑的选择（Yuen-Tsang&Wang，2008）。许多社会工作教育者在香港多所大学获得硕士和博士学位，并获得相关政府提供的奖学金，而且大部分毕业生已回内地并在不同的大学、政府部门担任领导职务。2000 年，香港理工大学与北京大学合作推出社会工作硕士（MSW）计划，旨在培训一批社会工作教育者，为引领中国社会工作教育的未来发展发挥领导作用（阮曾媛琪，2018）。在 2000 年至 2014 年期间，香港社会工作教育界已从 7 个研究队伍培养了 238 名毕业生。这些毕业生在大学、政府部门和非政府组织中担任了社会工作的关键职位，成为中国社会工作教育发展中的领军人物（YuenTsang&Wang，2008）。

同时，国际社会工作界也给予了重要支持。如亚太地区社会工作教育协会（APASWE）与中国社会工作教育协会举办的一系列 APASWE“培训师培训”工作坊和实习计划。国际社会工作学校协会（IASSW）还通过自身的能力和举措为中国社会工作教育的发展作出了贡献。国际社会工作学校协会多次与中国社会工作教育协会合作举办国际研讨会，自从 2012 年以来，国际社会工作学校协会与美国社会工作教育委员会合作，促进中美合作的发展。其中 7 所美国社会工作学校与中国 7 所大学建立了长期合作关系，包括学术交流、合作研究和专业发展（Yuen-Tsang&Wang，2008）。

（三）我国社会工作教育的内容与特点

1. 社会工作教育的主要内容

社会工作教育主要包括专业知识的结构、教学方法、社会工作实习等内容。

社会工作是在具体情境下向有需要的人士提供专业服务的活动，这样的专业知识包括社会工作价值观、解决不同人群问题具体方法的知识和其他相关知识，而后者常常与问题的解决有关。比如美国的社会工作在其专业化早期比较注重治疗，因此个案工作方面的知识占据支配地位（王思斌、马凤芝，2011）。20 世纪 60 年代之后，随着对社会福利制度和政策的关注，社会工作教育比较注意人类行为与环境、社会政策、社会福利制度等方面的知识。当然，由于各国社会福利制度不同，社会服务提供的方式不同，所以社会工作教育的重点也不同。

在教学方法上，除了理论教学和相关知识传授外，社会工作教育特别强调案例教学、角色扮演、参与式教学，促使学生参与到专业场景之中，进而使学生在学习理论知识的基础上，增加其对社会工作实践的了解，增强理论与实践结合的能力，掌握社会工作的专业方法并艺术地使用这些方法，鼓励学生结合实地服务情况，创新思维活学活用知识。

社会工作教育尤其注重专业实习。像其他应用学科一样，社会工作教育把实践能力置于十分重要的地位，专业实习是社会工作教育体系的重要内容（王思斌、马凤芝，2011）。专业实习是基于社会工作专业知识和价值观，尝试运用专业方法解决社会问题的过程。这一过程与整个教育过程相匹配，目的在于通过实习强化学生的社会工作价值观，应用专业理论和技术，检验和巩固社会工作知识与方法，增加其对社会工作服务的实际了解。专业实习可以促进学生专业价值的养成，增进学生对社会工作专业的认同，切实提高其服务能力。

2. 当代社会工作教育的特点

（1）理论应用与专业实践相融合

从社会工作的发展历程和本质来说，社会工作是实践的，而非理论的。社会工作的功能在于解决实际问题而不在于从理论上阐述和陈述这些问题。因此，社会工作教育体系强调重视学生实践能力的培养，重方法、重技术、重实习是这种取向的突出表现（张丽丽，2014）。而理论基础是社会工作专业实践的重要基础，缺乏理论基础的社会工作往往是盲目和肤浅的，社会工作的具体助人工作也会浮于表面。所以，社会工作教育在重视工作技能的同时，也在加强不同专业的理论方面的教育。它不但吸收了社会学、政治学、经济学、人类学、社会心理学等方面的理论为己用，还提炼出关于社会工作实务的模型理论，尝试从多个层面去具体指导社会工作实践。

（2）专业教学与多元科研相结合

随着社会工作对理论和实践的重视，社会工作的教学与科研得到了较快发展，并在改进社会工作、提高社会工作效率方面发挥着重要作用。专业社会工作在发展初期，由于社会工作强调特殊性原则，其工作效果常与社会工作对象的情况、与社会工作同工作对象的现场互动关系密切，因此缺少了探究普遍规律对社会工作的作用，这一点与国外社会工作初期很相似（王思斌、马凤芝，2011）。伴随着社会工作教育的积累，可以发现，虽然社会工作的具体任务各有不同，但在其深层原因和社会因素方面常有一些相似之处，处理问题的方法虽有差异但还是有相同之处的。这使得基于社会工作的基本规律和模式来提高工作效果成为必要和可能。如，社会工作研究既可以通过实证研究去验证已有的理论，从而发展理论；也可以从社会病例学的角度入手去探索产生问题的原因，改进社会工作方法。

20 世纪 70 年代以后，在教学机构和研究机构的联合推进下，社会工作研究有了较快地发展，社会工作研究呈现在社会工作理论的本土化探索、社会工作实务技巧的反思等方面，同时也在家庭、妇女、儿童、青少年、残疾人等多个社会工作领域有所创新。

（3）社会工作方法在实践中的整合

整合是指相互关联的各部分相互协调形成一个整体的过程和状况。社会工作的整合则指社会工作者将不同的工作方法综合运用以完成工作任务（王思斌，2014）。

个案工作、小组工作和社区工作三种工作方法是在不同历史条件下形成的。由于上述三种工作方法的时间差别、不同方法所依靠的基础理论不同、具体工作方法上的差异与社会工作的专业化要求相结合，使各种工作方法沿着自己的轨道向前发展。20 世纪 50 年代，社会工作教育与训练也显示出这种分割特征。个案工作专家不熟悉小组工作，也不能解决这方面的问题，社区工作者专家面对个案工作也难以有所作为。专业化使得各种社会工作在一个较窄的范围内得到发展，但它却不能解决更为复杂的社会问题（王思斌、马凤芝，2011）。由此，所要解决问题的复杂性和各种工作方法功能的有限性，就要求在工作方法上做到综合性，社会工作方法因而开始走上整合之路。

社会工作方法的整合是在几个层次上展开的。如不同的个案工作之间出现整合趋势，个案工作、小组工作、社区工作之间出现整合，直接工作方法与间接方法之间也走向整合，甚至一些学者用系统理论去构造社会工作实践的整合模式。

3. 社会工作教育的发展特点与短板

我国高校社会工作教育恢复重建以来，呈现出一些明显的发展特点：

第一，教育规模的快速增长。我国社会工作教育 20 世纪 80 年代后期开始恢复重建，到 1999 年只有 28 所高等学校开办社会工作本科专业，发展是比较缓慢的。1999 年国务院批转教育部《面向 21 世纪教育振兴行动计划》，迎来了高等学校的持续扩招和社会工作专业教育的快速发展。2000 年，在原有 28 个院校的基础上新增 27 个，从 2001 年到 2009 年社会工作本科专业不断增长，到 2010 年 9 月，全国社会工作本科专业点已有 255 个，拥有社会工作硕士授予权的学校有 58 家，另外还有一批高职、高专学校招收社会工作专业的学生。截至 2021 年，社会工作本科专业点有 325 个，拥有社会工作硕士授予权的学校有 180 家。近 20 年社会工作专业高速发展，社会工作教育的发展呈现出非稳步特征。

第二，专业规范程度不高。由于我国社会工作发展比较晚，而且中间专业教学停滞了很多年，所以社会工作学科的恢复重建是在薄弱的基础上开始的。由于非专业社会工作缺乏理论总结和知识积累，专业社会工作处于初创阶段，师资缺乏，专业服务队伍严重不足，社会工作教育的专业性相对较低。虽然国家提出“建设宏大的社会工作人才队伍”，政府购买公共服务大力推进，但由于我国社会经济发展的时代特点，社会工作专业教育还缺少坚实的经济与社会基础，整个社会还没有形成成熟和完善的社会工作行业制度，社会工作服务水平仍有很大的提升空间。

第三，与实践实习联系不紧密。由于社会工作专业教育是在恢复社会学学科建设的过程中开始的，加上社会保障体制、社会福利服务发展滞后，政府部门仍主要靠原有体制解决基层民生方面的问题（王思斌、马凤芝，2011）。因此，社会工作教育与社会的现实需要不匹配，社会对专业社会工作的有效需求不足，社会工作教育出现“超前发展”的现象。随着政府部门购买公共服务的推进和社会组织的迅速发展，社会工作对社会的介入通过行业工作、机构实习等方式来实现。但是，社会工作教育并未像发达国家那样，与实际社会服务建立起相互依存的密切关系，社会工作教育仍缺乏较为充足的社会体制的支持。

二、高校社会工作教育与实践的本土建构

社会工作引入中国已有百年之久。社会工作教育与实践从清末民初的“西学东渐”到当下社会都无可避免地承载着“本土化”职责。

（一）民国时期社会工作教育本土化

我国社会工作教育发端于20世纪20年代，1925年燕京大学建立社会学和社会服务系，标志着社会工作教育正式起步。起初的社会工作，无论是理论研究还是实践活动，主要是由传教士和西方学者通过教会大学来开展（刘振，2013）。1927年4月，南京国民政府成立之后，留学生取代了传教士在教会大学中的主导地位，自此开启了社会工作本土化的历程。1931年，全国共有11所院系设立了社会学系，1947年增为20所，其中多数开设了社会工作课程。那时，社会学系不但重视社会学理论，同时也重视社会工作的教育和训练，其课程中非常看重对社会问题的研究与解决，是一种重视实践的社会学，被称为应用社会学（王思斌、马凤芝，2011）。

20世纪的20年代和30年代，以费孝通、吴文藻为代表的海外留学生凭借着专业的社会工作理论、特有的文化底蕴以及宽阔的国际视野，成为民国时期社会工作“本土化”发展的重要推动力量。他们将西方社会工作的知识体系、研究成果和专业实践引入中国，使其适应中国的本土文化，并开展了一系列“乡村建设运动”等富有中国特色的社会工作实践活动（刘振，2013）。其中有晏阳初的定县平民教育试验区、陶行知的南京晓庄试验乡村师范学校、梁漱溟等人创立的河南村治学院等，这些人所推行的乡村建设运动，志在复兴中华民族的文化、恢复民族自尊心，重视农民教育，以乡村自救运动推动社会发展（王思斌、马凤芝，2011）。此外，清河实验、浦东公社、山西村治、赣南建设等，也是通过改

造乡村社区以促进社会变迁为目的。乡村建设运动被看作是我国现代社区发展和社区服务事业的一个开端。

（二）新中国成立以后社会工作教育本土化

1949 年新中国成立后，高度集中的计划经济体制和单位制社会制度消解了社区、社会组织和社会工作生存发展的土壤，国家以“全能政府”的面貌承担了几乎所有的社会事务和社会服务，社会工作教育也随之中断。作为应用社会学的社会工作遭到被取消的命运，民政工作取代了作为一种职业的社会工作。1983 年，民政部成立民政管理干部学院，组织学员到境外特别是到香港地区学习社会福利服务的设计和运作。1985 年，中共中央颁布《关于教育体制改革的决定》，为社会工作教育的恢复重建提供了机遇，民政部成为社会工作教育的开拓者和领军者（闵兢、梁祖彬、陈丽云、徐永祥等，2019）。1987 年，民政部在北京市马甸桥旁的北京对外经济交流中心大厦举办了社会工作教育发展论证会（史称“马甸会议”），这次会议重新确认了社会工作专业的学科地位，促成了社会工作专业的重建，标志着社会工作教育在中国的重新起步（刘振，2013）。

由于计划经济时期社会工作的长期断裂和恢复之初社会工作实务领域的缺失，我们社会工作教育的教材编写、课程设计到理论知识应用都是直接借鉴西方社会工作的观点。中国社会工作的恢复重建也是从引入西方以及中国香港、台湾地区的社会工作教育与实务模式开始的。在恢复初期，社会工作又进入了一个近乎纯西方化的阶段。这种状态直到社会工作实务的开展才逐渐得到改变。

改革开放后，民政部、教育部等政府部门和社会工作专家成为社会工作教育本土化进程中重要的探索主体和建设推动力。1988 年初，当时的国家教育委员会批准北京大学、中国人民大学、吉林大学等高校设立“社会工作与管理”本科专业，同年，民政部和北京大学签订了联合办学的协定，培养高级社会工作人才，标志着社会工作教育在我国的全面恢复和重新启动（王思斌、马凤芝，2011）。同年，亚太社会工作教育协会与北京大学合作举办了社会工作教育国际会议，参会者包括来自妇联、共青团、工会等干部培训学院的教授和其他对社会工作感兴趣的高校社会学系教师。此次会议也被描述为中国社会工作教育工作者与西方同行的一次破冰式接触（闵兢、梁祖彬、陈丽云、徐永祥等，2019）。

1991 年，在民政部的领导下，中国社会工作协会（CASW）成立并于次年加入国际社会工作者联合会，成为正式会员。1994 年，在教育部的支持下，中国社会工作教育协会（CASWE）成立，这是一个以推进社会工作教育和专业社会工作发展为目的的非营利组织。在香港凯瑟琳基金会的资助下，中国社会工作教育协会负责举办社会工作会议、海外考察学习、教科书出版及师资培训工作。这一阶段，中国社会工作教育界与民政部门携手探索，将以干部培训为主体的教育性质转变为以普通高等教育为主的学院化教育，培养生源也从职工群体转向大学生群体。社会工作专业教育、社工教育课堂设置、社工教材编写、社工教学方法与实习等议题相继出现（王宇，1994）。

与西方国家自下而上由社会需求催生的渐进式发展不同，自上而下的顶层推动与政策吸引是中国社会工作教育本土化探索的独特路径。1998 年，教育部重新颁布《普通高等学校本科专业目录》，将社会工作专业从“控制发展”专业调整为“非控制发展”专业。伴随着 1999 年高校扩招政策的实施和教育部对本科专业审批权的下放，设置社会工作专业的院校数量迅猛增加，从 1999 年的 30 余所迅速增至 2005 年的 100 余所，主要集中在东部发达地区和中大型城市（闵兢、梁祖彬、陈丽云、徐永祥等，2019）。2004 年，《社会工作者国家职业标准》出台，并在上海试点。上海的示范带头作用渐渐辐射到珠三角、长三角等经济发达地区，带动了社会工作教育由点到面的全方位发展。社会工作的教育目标与本土化发展道路成为教育界关注的重点议题。

社会工作教育规模迅速扩张带来的第一个难题是师资缺乏问题。虽然从国外以及中国香港、台湾地区也引进了部分专业教师，但相对于中国蓬勃发展的社会工作教育的旺盛需求来说仅可谓是杯水车薪。为了弥补师资数量的缺口，中国众多高校采取了“曲线救国”的方式，从社会学、历史学、政治学、教育学、心理学等其他学科调配了相当数量的师资，通过短期培训、学术交流、“自学成才”“边学边教”等方式进行学缘结构再造和专业背景重构（阮曾媛琪，2018）。这一阶段香港高校与内地合作开展的交流培训活动在内地师资队伍的本土化建设领域发挥了非常重要的作用。如香港理工大学于1993年和1995年分别举办了两次“中国社会工作教育人员培训计划”，培训了来自北京大学、民政管理干部学院、青年政治学院及妇女管理干部学院的10多名教师。2000年，由于社会工作课程在中国内地的数目迅速增加，但专业师资极为缺乏，于是香港理工大学与北京大学联合开办了全国第一个专业社会工作硕士课程（MSW），培养了一批对发展中国社会工作有承担的领军人才，并借此建立适合中国国情的本土化社会工作理论及实践模式（阮曾媛琪，2018）。2001年，香港大学和复旦大学合作，开设了社会工作及社会服务与管理两门硕士课程，这也是第一个在教育部注册的由我国内地机构实施的社会工作培训项目。

在过去数十年的发展中，西方、中国港台地区的经验成为中国社会工作教育的重要借鉴对象，这一方面帮助我们能够在较短时间内通晓“国际通则”，另一方面也遭遇到水土不服、问题集体凸显等挑战。周永新教授带领相关社会工作教师和社会服务人员在20世纪80年代开始不断地提供培训和交流。由于缺乏中文教材和本地案例，早期中国社会工作教育所使用的参考书大多来自香港和国外（阮曾媛琪，2018）。早在20世纪90年代初，以阮曾媛琪为代表的香港专家便提醒中国社会工作教育要“摸索适合中国国情、可解决中国社会当下实际问题的本土化方案”。2000年，中国社会迈入“全面建设小康社会”历史阶段，转变政府职能与社会管理体制，发展公共服务和社会服务成为社会主要需求。在这一背景下，社会工作与社区建设相结合的社会实践初步展开，社区社会工作为中国社会工作实践最早的领域之一。

在社会工作实践中，新中国成立以来中国本土化社会工作的经验表现为“行政性非专业化的社会工作”。“行政性”指由政府“自上而下”的社会动员，经由福利性、服务性、公益性的政府行为，为社会提供诸如社会救助、公共服务、就业机会、社会福利等资源，强调的是“全能型政府”，即政府全面负责社会服务（闵兢、梁祖彬、陈丽云、徐永祥等，2019）。“非专业化”意指以在中国内地从事为民解困工作的主要是各级民政和工、青、妇部门的干部，他们没有受过系统的专业社会工作的训练，但在工作中形成了一套本土的工作方法和理念（王思斌、马凤芝，2011）。

（三）新时期社会工作教育本土化

2006 年，中共十六届六中全会提出“建设宏大的社会工作人才队伍”之后，社会工作实务开始逐渐发展起来。在社会工作实务的探索中，社会工作又重新开始了本土化的进程。同年，人事部、民政部联合发布了《社会工作者职业水平评价暂行规定》和《助理社会工作师、社会工作师职业水平考试实践办法》，标志着我国社会工作者作为一种职业类别正式得到了国家层面的制度确认。2011 年，中央组织部和民政部等 18 个部门和组织联合发布了《关于加强社会工作专业人才队伍建设的意见》，这是中央第一个关于社会工作专业人才的专门文件，在我国社会工作发展史上具有里程碑意义，这也是成为中国社会工作专业教育发展过程中最佳的历史机遇和战略机遇。

在 2008 年的汶川地震救灾中，上海、广东、四川、北京等地的高校开展了灾后社会工作服务，有力地推动了党、政府及民众对社会工作的认知，仅中央两办所发的有关高校开展社会工作服务内参就达到了 30 多份，因而 2008 年也被称为我国社会工作的实践元年。自此，灾害社会工作开始系统化发展，社会工作专业队伍愈加壮大，实务经验愈加丰富，理论研究愈加深入，并进一步影响了宏观层面的制度推进与体制建设（闵兢、梁祖彬、陈丽云、徐永祥等，2019）。2013 年民政部印发《关于加快推进灾害社会工作服务的指导意见》，提出要制定针对不同类型、不同程度灾害的社会工作应急服务规程与预案；2016 年，民政部印发《民政部救灾应急工作规程》，启动实施“重大自然灾害与突发事件社会工作服务支援计划”；国务院办公厅印发《国家综合防灾减灾规划（2016—2020 年）》……一系列制度层面的推进均体现了社会工作实务在宏观结构层面的政策影响与社会建构功能。社会工作从实务层面方面已经从社区逐渐推广到医务、司法、卫生、灾害等各个领域。社会工作教育界多重参与国家重大事件的干预。

2012年，民政部、财政部印发的《关于政府购买社会工作服务的指导意见》中提出“各级财政要将政府购买社会工作服务经费列入财政预算”，为政府购买社会服务长效机制的确立提供了经费保障。政府购买社会工作服务的蓬勃发展为中国社会工作教育提供了鲜活的本土素材，社会工作教育已由教育先行朝教育实务并进转型，已从模仿参照西方经验朝“外来经验本土化和本土经验规范化”转向。社会工作教学团队除了助人自助和自我增能之外，还积极“促境美好”。在实务推进方面，社会工作教师或通过担任理事会成员、咨询团成员、实务督导师等角色推动社会服务机构建设，或直接领办服务机构开展专业服务，或参与灾后重建以带动当地队伍成长。在行政管理方面，社会工作教师承担各个层面的专业培训，参与各类人才培训基地建设，协助社会组织的能力建设。在政策参与方面，社会工作教师大力参与国家层面的职业水平制度建设和人才队伍建设任务，在许多地区的社会工作整体制度设计和专项制度建设中发挥着重要作用。社会工作教师也由教学科研的双重角色稳步向教学科研服务倡导的多元角色转型（顾东辉，2015）。

综观中国社会工作的发展历程，不难看出，作为一种舶来品，专业社会工作和本土社会工作一直交织在一起。社会工作在尊重各地文化制度差异的同时，提炼适合于本土、地方性的社会工作发展模式（潘泽泉，2014）。上述社会工作本土化的过程，不仅有专业社会工作对本土文化的适应性改变，也有本土社会工作回应社会发展实际需求所开展的现代化转型（刘振，2018）。不论是专业社会工作的本土化发展还是本土社会工作的专业化转型，都是一种本土知识和国际经验“连接”。

参考文献

[1] 王思斌．试论我国社会工作的本土化［J］．浙江学刊，2001（2）：55-60.

[2] 张丽丽．论实务导向型社会工作教育模式的构建［J］．社会福利（理论版），2014（1）：44-47.

［3］王思斌．中国社会工作的嵌入性发展［J］．社会科学战线，2011（2）：206-222.

［4］王宇．在市场经济条件下我院社会工作专业课程体系设置原则初探［J］．中国青年研究，1994（3）：27-31.

［5］叶南客，陈金城．我国“三社联动”的模式选择与策略研究［J］．南京社会科学，2010（12）：75-80，87.

［6］张昱．中国本土社会工作实务的实践逻辑及其反思［J］．社会科学，2008（5）：81-84.

［7］潘泽泉．社会工作本土化：社会工作本土知识建构如何可能［J］．社会工作与管理，2014，14（3）：29-41，99.

［8］陈树强，顾东辉，赵学慧，等．社会工作专业教育十年评说［J］．中国民政，2016（23）：27-28.

［9］闵兢，徐永祥．“社区制”治理范式何以可能：基于社会理性的视角［J］．学习与实践，2018（11）：93-100.

［10］刘振．“本土化”抑或“土生化”中国社会工作发展百年回眸［J］．社会与公益，2018（6）：88-89.

［11］闵兢，梁祖彬，陈丽云，等．我国社会工作教育的历史轨迹与范式转向［J］．社会建设，2019（5）：32-39.

［12］王思斌，马凤芝．社会工作导论［M］．北京：北京大学出版社，2010.

［13］王思斌，阮曾媛琪，史柏年．中国社会工作教育的发展［M］．北京：北京大学出版社，2014.

［14］王思斌，邹文开．回顾　反思　展望——中国社会工作辉煌发展的十年（2006—2016）［M］．北京：中国社会出版社，2016.

［15］Yuen－Tsang&Wang：The Palgrave Handbook of Global Social Work Education，2008.

第二章　高校社会工作教育与实践的现实图景：问题阐释与未来进路

中国社会工作教育恢复三十年以来，其发展具有鲜明的“教育先行”的特点，如今，社会工作教育发展站在新的时代背景下，面对新的变局和新的挑战（何雪松，刘仕清，2020）。然而中国社会工作教育面对的时代挑战并非独特。欧美社会工作教育基本发端于20世纪初期传统慈善实践的不满而进行的社会科学的学术化和系统整理，同时很多发展中国家的社会工作教育都出现了本土化的争论，但是本土化的意义迥异。大部分的社会工作学者认为本土化就是在西方教科书基础上加入本土内容就足够了。可是，这种教育本土化形式与教育本土化的意义大相径庭。

一、高校社会工作教育与实践的问题阐释

社会工作教育在我国社会快速改革转型、亟需切实解决日益严重的社会问题的时期恢复。经过几十年的发展，社会工作教育体系已非常完善。不过由于我国社会工作教育作为“社会工作先行者”一直处于十字路口，一方面引入以英美社会治理模式为主的社会工作教育不足以回应社会主义转型的社会发展需求；另一方面，社会工作教育也没有积极整理本土准社会工作的隐性社会知识和智慧。我国社会工作教育的发展仍存在以下问题（向荣，2017）。

（一）社会工作教育系统与福利服务存在脱节

1988年社会工作教育重新恢复时，我国已经建立了完善的社会保障体系。民政部负责为包括孤儿、老人、残疾人在内的弱势群体提供基本支持。随着社会发展，市场经济占主导地位，上述基本福利仍然主要由基层政府来开展。虽然2009年民政部为了逐步提高社会工作者从业的专业水平，推出年度社会工作专业考试，实施社会工作持证上岗，但是这种结构性问题仍对中国社会工作的专业化步伐产生了负面影响。

20世纪80年代，以美国的梅志利（Midgley）教授为代表的学者指出，发展中国家的经济、文化以及社会发展脉络与欧美国家的差异巨大，社会工作教育与社会缺乏关联（social irrelevance）。我国社会工作教育基本还是引进英美以社会治疗模式为主的理论、知识与技能体系，加上当前的学术评价体系对研究出版的矫枉过正，过度重视英语出版，进一步加剧了中国社会工作界依附于以英美为中心的学术体系。这种依附不仅加剧了社会工作高等教育对实务的忽视，更阻碍了社会工作进行本土化与土生化实务的开发和研究（向荣，2017）。

（二）社会工作教育与相关安置机会之间的不匹配

三十多年来，中国社会工作教育主要集中在建立社会工作体系和提供高质量的专业教育上。目前，社会工作师资的紧张现状有了一定程度的缓解。2015年对高校社会工作专业硕士（MSW）授权点的调查显示，全国共有MSW教师1842人，其中专职教师1265人，各高校MSW专业教师约有11～12人，基本达到了设立专业的要求（谢立中，2017）。但总体而言，师资的数量和质量都还不够。根据全国社会工作院系数量及其发展进行估计，我国至少缺1000名社会工作教师，即使全球社会工作院系进行人才培养、输送，短时间内也无法弥补。除了数量上不足，教师在教学、科研和社会服务能力等方面也有待提升。

第一，社会工作教育面临的一个挑战是：很多社会工作教师是相关学科调配而来，专业背景各异，缺少对专业的系统掌握和理解，缺少专业实践经验，原来的学科优势又未能很好与社会工作结合，因为教学吸引力不足。另一个挑战是：

教学科研能力不强、学术训练不够。投身于具体实务的专业教师，不能很好地将实务与研究相结合，他们虽然掌握着大量的资料，却不能以此为基础开展相关研究、将实务经验进行总结提升，社会工作研究产出相对不足，在专业论文发表、课题项目申请上都处于不利地位。第三个挑战是：社会工作教育者的社会服务能力有限。很多教师投身于具体的实务之中，申办社会工作机构，成为社会工作发展的重要推动力量，但推动社会服务体系建设并反馈于教学方面的能力仍然不足，有待进一步的发展。

第二，就教学内容而言，社会工作课题体系的处境化不够。我国社会工作教育的发展借鉴了英美、中国港台地区的课程体系，其中，香港社会工作界对内地社会工作教育发展影响较大。在较长一段时间内，香港社工界积极参与内地社会工作教育的课程设计、教材引用、师资培训、实习督导等（阮曾媛琪，2018）。过去十多年，国内社会工作界与英美同行的直接交流增多，直接受到西方的影响，一批英美社会工作教材和著作也被引进、翻译出版。应该说，这样的交流与学习非常有利于掌握国际通则，从而明确社会工作发展进程，以及向全球同行介绍我国社会工作的发展情况。然而，如果教学内容、课程设置和教师培养都是以中国港台地区、英美为参照，则很容易进入一个陷阱，只强调临床化和技术化，而相对忽视与社会理论的联结，缺少对宏观社会结构的把握和对社会整体变迁的考察，无法回应实践中遭遇的诸多社会与政治议题（何雪松，2017）。随着时代的发展，社会工作服务不断产生新的内涵；随着实践的发展，教学内容需要更新以回应现实的需要。我们对此显然关注不够而满足于现状。教学内容的创新，既落后于国际前沿发展，又落后于国内丰富的实践。

第三，社会工作对年轻人从业的吸引力不够。一方面，高校社会工作学生填报志愿随着社会工作的发展有所提升，但仍有部分社会工作本科新生都是通过调剂而来，对该专业缺少基本的认识或兴趣。一些社会工作专业本科生，毕业后不愿意将社会工作作为其职业选择或者继续在该专业深造。一些学校对社会工作本科采取了停招、暂停或压缩招生规模的做法，这对当地的社会工作教育界有很大的冲击。另一方面，很多学生认为专业缺乏硬核技能，经过社会工作专业训练后，知识的获得感不强。总体上，仍有一部分学生，虽然经过系统的专业训练，仍然不能对专业形成系统的认识，专业认知模糊，专业价值认同不强，专业能力相对较弱，在具体实务中不能有效实现专业知识的转化。

同时，在确保毕业生在社会工作相关组织中的安置和就业方面做得相对较少。社会工作教育与毕业生就业机会之间缺乏协调，阻碍了中国社会工作专业的发展。近年来，随着国家对政府购买公共服务推进，社会工作行业得到了迅速发展，催生了许多需要专业知识的社会工作新岗位，但由于社会工作行业晋升平台和薪酬体系等原因，社会工作专业的专业对口率不高，社会工作人才流失严重。

第四，社会工作教育界与社会服务机构之间的联结不紧密。社会工作的实践性，要求社会工作教育面向实践，社会工作教育的发展需要行业的支持，但是目前社会工作行业发展还不成熟。首先，理性与现实有较大的落差。社工机构在很大程度上依赖政府购买服务的经费、资源等，社工机构的运行和服务的优先次序必然受到政府的影响。其次，社工机构专业化程度的确有待提高。社工机构的规模虽然获得了快速增长，但是从事的社工服务经验较少，有经验的专业员工比较少，尤其在发展落后的西部地区，很难形成专业氛围。

（三）国际化与情境化之间的紧张关系

社会工作是一个舶来品，具有很强的国际根基和专业伦理。我国原有的福利服务体系是建立在与社会工作原则无关的实践基础上。随着社会工作在我国不断推进和发展，社会工作开展实际服务过程中必然会出现一些进展和冲突，即，社会工作在实践服务中遇到“水土不服”等问题，我国社会工作曾出现“西方化”和“本土化”争议。目前大多数社会工作教育者认同在尽可能遵循国际教育和全球社会工作教育标准的同时，应结合我国地方实际情况。我国在不同地区针对不同的目标群体和社区开展了许多开创性的实践模式，旨在发展可以融入社会工作课程的本土理论和实践模式。迄今为止，社会工作以“嵌入式发展”的形式与现有的福利服务模式并驾齐驱（王思斌，2011），将社会工作的原则和实践通过植入的过程融入现有的服务体系中，从而使社会工作的结构成为可能。

国际化和情境化之间的持续紧张为中国社会工作教育的创新发展提供了机会。遵守国际标准的必要性与将符合文化背景且与当地需求相关的教育实践情境化的必要性之间的持续紧张将继续成为一个持续关注的问题。我国社会工作教育必须面对挑战，制定适合我国国情的创新战略和方法，寻找本土社会工作教育模式的未来。

（四）国家行政管理嵌入的不断深化

我国社会工作教育的快速发展与国家支持密不可分。在政府政策的积极引导和促进下，我国社会工作教育朝着积极目标发展。自从党的十六届六中全会在 2006 年提出“建设一支宏大的社会工作人才队伍”战略部署，到 2011 年中央组织部和民政部等 18 个部门和组织联合发布《关于加强社会工作专业人才队伍建设的意见》，再到 2012 年 19 个部委和群团组织联合印发《社会工作专业人才队伍建设中长期规划（2011—2020 年）》后，国家对社会工作越来越重视。民政部和相关部委就社区、灾害、青少年、社会救助、社区矫正和扶贫等领域，出台了不少文件，以推动社会工作的发展。

随着政府购买公共服务的推进，现在主要的社会工作服务均以政府购买服务为主，行政型“嵌入”通过制定政策举措和资源分配影响我国社会工作教育能力。各种行政型“嵌入”不同程度影响着社会工作的使命、干预策略和运作形式。其中政府的行政管理与社会工作的使命和干预策略有所相同，但也有不同程度的矛盾。但是，当前社会工作高等教育没有对这些行政化的社会工作进行研究，开发相关实务和对策；没能协助社会工作做好理论、知识、干预策略和心理准备以探索与坚持社会工作的使命和策略。

二、高校社会工作教育与实践的未来进路

梅志利认为英美社会工作模式对中国的适用性在判断上存在一定的不确定性（Midgley，1996）。中国社会工作需要探索社会工作治疗模式以外的社会工作经验和知识。

（一）重新思考专业理论基础的合法性

在前一个时期，我国社会工作教育采取了“拿来主义”的发展策略，直接使用了引进的知识和教材。为了更好地推动我国社会工作教育发展，需要建立适应中国语境的课程体系。

首先，社会工作课程体系需要明确中国社会转型这一基本的现实脉络。加强对这一脉络的把握，就会对课程体系的设计有新的认识。我国社会工作教育是在社会转型中得以恢复和重建的，我们的社会工作在一定程度上是“转型社会工作”。改革开放的40余年里，工业化、市场化、城市化和全球化获得了快速的发展，社会建设、社会体制改革、社会治理概念也日趋明确。社会转型进入新的阶段，社会治理面临新的形势，社会工作课程体系的建设需要立足中国社会转型的现实脉络，对中国社会现实有反思性的认识和理解，这样才能帮助学生更好地将社会工作这一专业或职业与社会现实进行关联。

其次，课程体系要适应中国社会工作发展的阶段性特征。社会工作教育在前期引领了社会工作实践的发展，即“教育先行”。但我们需要认识到，社会工作实践的快速发展、新的服务领域的出现、新的技术应用都倒逼社会工作教育的发展。社会工作课程还需要帮助学生理解当前社会工作面临的挑战：一方面是全球社会工作界普遍面临的挑战，比如新管理主义等问题；另一方面是中国独特的挑战，比如复杂的政社关系等问题，而不是简单地以“专业性”和“独立性”这样的概念来对社会工作进行判断。因此，在社会工作的课程与实务教学过程中，需要培养学生的创新性和灵活的能力，以及教育学生进行反思、重新建构社会工作价值观和实务知识的能力（向荣，2017）。

再次，课程体系要重视将中国内地丰富的社会工作实践转化为知识和案例进入教材和课堂。社会工作基于伦理学、哲学、社会学、人类学、心理学、政治学等学科知识，在后现代思潮的解构中必须重新思考理论基础的合法性。社会工作的知识随着实践的展开而不断丰富和拓展，基于实践的知识生产是更新教材和教学内容的重要途径。然而，在后现代思维对社会科学知识背后的知识—权力关系的批判下，社会工作者—服务对象的权力关系的合法性需要重新放回到西方社会发展的脉络下进行审视。同时，后现代思维改变了传统社会工作教育中的层级权威关系，挑战了教师与学生的教学关系，促进教师承认既有社会工作知识的不确定性，从而促进学生在应对这些不确定性中对既有社会工作知识的反思与重建。因此要加强科学研究和理论建设，全面深入研究中国社会工作的丰富经验，充分挖掘本土思想资源，为中国社会工作的发展提供智识支持，为中国社会工作实践理论提供理解框架，为建构一个本土性和世界性兼有的社会工作理论提供基础（何雪松，2017）。

（二）新融合发展性社会工作教育模式

梅志利认为“社会发展是一个有计划的变革过程，旨在动态地结合经济发展提高整体认可的福祉”。社会发展必须是“以贫困为重要考虑的社会福利和服务提供，一定在推动被社会排斥的群体的参与，一定是在强化相关群体以及社区的生计能力基础上达到经济与社会公平，强调与不同的行动者为伙伴关系和合作基础，最后是推动社会团结以及积极的社会公民权利”（Midgley，1996）。

首先，社会发展的视角运用于本土的社会工作教育策略，是通过社会发展议题的理论与实践，高度整合教育者、学生、实务工作者以及服务参与者；各参与者既是行动主体，也是学习与研究的主体。社会发展的视角紧紧围绕社会发展议题如贫困、失业和就业不足、民族文化传承等议题，从群体服务的基本公共服务出发，以资本为视角开发群体自身的能力，并以能力建设的方式，在回应生计以及社区经济基础上推动公民精神与参与社区治理的能力，以此达到社会融合。基于社会发展的社会工作教育要求整合不同力量，创新不同方法包括跨界合作，并以底层视角、与各个主体深度在场，以增能、反身性和对话为核心原则，真正建设多元、包容和开放的主体。

其次，“中国本土社会工作的专业化发展不能像西方那样走机构服务的专业发展道路，追求个案工作、小组工作和社区工作分别专业化的发展方式，而需要围绕着个人改变和环境改变的结合，借助项目服务的专业化，将注重个人成长的微观服务与注重环境改善的宏观服务整合起来，并由此带动社会工作专业服务的深入和扩张，为中国本土社会工作找到并且拓展专业的发展空间和确立好专业的社会身份”（童敏，2016）。“对中国大陆社会工作教育现状进行反思后，倡导运用反思性科学精神，视社会工作教育为一个教师与学生双重能力建设的过程，在这一过程中通过反身性，达到师生相互对话，共同建设能力，以达到培养具有反思性能力的学生的目的”（古学斌，2013）。以莫莱尔特（Moulaert）等人提出的社会创新的核心维度，即内容创新、过程创新和增能创新三个维度来分析社会工作与社会创新的契合性（赵环，2015）。

再次，通过对欧美和非洲社会工作和社会工作教育的观察，进一步确定引进欧美的社会治疗模式不能应对我国多样化的社会问题及社会服务需求。随着我国社会发展进入新的发展阶段，社会工作者不能墨守成规，应该扎根基层，结合情景创新理论思维和技术能力，重新探索本土化的社会工作路径与教育方法。即“社会工作需要与社会创新产生多元契合。社会工作是社会创新的制度结果，且与社会创新具有天然的契合性”（向荣、陆德泉，2016）。正如“将理论落于实践，不可能通过在学院里拿着别人的东西咬文嚼字、闭门造车、空对空思辨来完成，而必须是由一批知识分子，扎根于社会田野，亲自投身于社会实践，才能体会到勒温所说的了解与改变的辩证关系，也才能将本土的社会工作理想化为现实，这也正是行动研究的精髓所在”（杨静，2013）。

（三）建立基于互联网的社会工作教育模式

随着互联网技术的发展，网络深入到生活的方方面面。社会工作教育要适应网络社会的发展，开拓社会工作的空间和领域。

要推进社会工作教育智慧化建设。通过互联网技术深入改革教学模式，便利于任课教师和同学们的互动、反馈，改变教师对学生的指导模式。社会工作界要开发更多的线上课程，在社会工作实习方面，探索建立“互联网+”的“智社”专业实习与督导平台，突破物理空间的限制，为社会工作实习者提供及时的实习指导和督导。充分借用互联网技术解决社会工作中遇到的问题，促进互联网技术在社会工作中的应用。即通过网络为媒体开展社会工作，运用社会工作专业方法，遵循网络社会中的案主解决问题，建设以网络社会中的个人、家庭、有共同问题的网络社会或小组为服务对象的社会工作。随着社会工作的数据化趋势的强化，学生需要有互联网思维，具备计算和编程能力，社会工作教育要与计算社会科学进行结合，积极探索网络社会工作教育，实现网络社会工作职业的推动和铺开（何雪松、刘仕清，2020）。

云计算、大数据、人工智能和区块链等技术的发展及应用为社会工作实务中障碍的突破提供了新的技术支持。社会工作教育需要进一步探索如何用新技术以实现专业目标，建设“新文科”，特别要探索社会工作与信息科学、数据科学的结合。目前社会工作的通才教育课程主要集中在社会学类、心理学类以及人类行为与社会环境方面的教学。社会工作的实践性，要求社会工作教育要更加关注对人类生活产生影响的科技发展，进一步促进社会工作与新技术的结合，提升学生对新技术的理解和运作能力，让新技术与社会工作最大限度地融合。

（四）建立更加紧密的学校—机构教学联盟和跨学科的教育合作

社会工作行业发展为社会工作教育发展提供重要支持。一方面社会工作机构为社会工作专业实习提供便利，在实习方面与学生充分沟通，并根据学生的实习情况给予督导，检验实习的效果；另一方面，社会工作机构要充分参与学生的培育过程，走进学生课堂，为社会工作专业学生提供更多案例。社会工作专业教师还可以与社会工作机构合作进行实践案例库建设和专业知识的研发。社会工作机构通过大量实务的开展，积累了大量的实务经验和案例，双方的合作不仅可以促进社会工作研究，也会产生大量本土的社会工作知识，从而推进社会工作实务水平的提高以及社会工作专业教师研究水平的提升。与此同时，社会工作行业的发展，也会进一步推动社会工作专业的师生聚焦创新，探索新的服务领域、新的服务模式和新的服务方法。

社会工作教育中的跨学科合作是指通过组建社会工作与相关学科的跨学科团队来满足共同的社会需求，解决单一学科无法解决的社会问题。2020 年的新冠肺炎疫情提醒我们，社会工作要发挥更大的作用，就需要与公共卫生、应急管理、医疗护理等不同学科领域的专业人士合作，因此跨专业的教育是社会工作教育题中的应有之义。随着改革的深入，社会工作的发展涉及司法、教育、公共卫生、社会治理、福利体系、个人发展等各个方面，涉及范围更广，遇到的问题更加复杂，需要促进社会工作与公共卫生、法律、管理以及计算机等不同学科的合作（何雪松、刘仕清，2020）。

本书第一章梳理和阐述了高校社会工作教育与实践的历史脉络以及社会工作教育与实践在中国语境中的本土建构；第二章阐释了高校社会工作教育与实践所面对的现实问题和挑战，并对高校社会工作教育和实践的未来进路给予回应和构建。从第三章到第九章是笔者过去多年从事社会工作教育实践以及开放社会工作实务的经验总结，即基于近七年学校“青学社工”大学生社会实践基地项目来阐述重新建构社会工作实务、知识与教育本土化的行动过程。引用 Schon 的“泥泞低地 VS 干爽高地”形象化比喻，“对照反映，一方面高校中社会工作教师必然思辨这一种教学、督导与研究取舍方法论的特点，另一方面不时体会在专业知识权力阶层中如何做出取舍”（夏林清，2013）。

参考文献

[1] 王思斌．社会工作与社会建设在实践中共同发展［N］．中国社会科学报，2012-10-12（A05）．

[2] 向荣．创新、共融、整合：突破当下社会工作教育困境的路径探索［J］．中国农业大学学报（社会科学版），2017，34（3）：79-89.

[3] 谢立中．社会工作硕士教育在中国：现状、问题与对策［J］．社会治理，2017（3）：51-55.

[4] 王思斌．中国社会工作的嵌入性发展［J］．社会科学战线，2011（2）：206-222.

[5] 何雪松．社会工作的理论追求及发展趋势［J］．西北师大学报（社会

科学版)，2017，54（4）：11-16.

［6］童敏．中国本土社会工作发展的专业困境及其解决路径——一项历史和社会结构的考察［J］．社会科学辑刊，2016（4）：42-47.

［7］古学斌．行动研究与社会工作的介入［J］．中国社会工作研究，2013（0）：1-30.

［8］赵环．社会组织参与社会治理的现实困境与路径优化［N］．上海文汇报，2015-08-19（008）.

［9］杨静．回观历史辨识经验寻找变的力量——一个社会工作者的行动研究［J］．中国农业大学学报（社会科学版），2013（3）：104-113.

［10］夏林清．斗室星空：“家”的社会田野［J］．中国农业大学学报（社会科学版），2013（3）：88-103.

［11］Midgley，James. Social work and Economic Development. International Social Work，1996，39：5-12.

［12］向荣，陆德泉．服务—学习：从教育创新到社会创新［M］．北京：社会科学文献出版社，2016.

第二篇

校地协同、项目驱动：高校社会工作教育与实践的发展模式

第三章　校地协同：根植本土情境的高校社会工作教育与实践的多主体共建模式

自从2010年社会工作人才被列入中共中央国务院发布的《国家中长期人才发展规划纲要（2010—2020年）》以来，社会工作专业人才的培养日益得到重视。社会工作是一门注重操作性和应用性的学科，专业人才培育的关键在于专业实践能力的培育，对学生专业实践能力的培育成为检验专业教育是否成功的标准。根植于本土情境的高校针对地方经济社会发展特色，采取多种模式开展社会工作教育与实践，以此推进社会工作应用型人才的培养。“校地协同”即开展校外实践基地建设以及实现校内与校外实践基地资源的融合和互补，作为社会工作应用型人才培养的多主体共建的有效模式，这是注重实践性和操作性的社会工作专业人才培养的重要手段。它是实现专业教育（校内）与社会实践（校外）的双向联动，是一个动态性、持续性的过程，有利于真正实现社会工作专业实践能力的提升。

一、广西科技大学社会工作教育与实践的发展概况

2014年《国务院关于加快发展现代职业教育的决定》出台，提出采取试点推动、示范引领等方式引导一批普通本科高等学校向应用技术类型高等学校转型。在政策的引导下，广西科技大学作为地方性高校一方面是出于加快发展现代职业教育的需要，另一方面为突出自身地方办学特色，开始向应用型办学方向转型。学校以“育人为本，师生为重，培养‘行业的骨干、创新的纽带’”的办学

理念，以“求真近道，明德致新”为校训，不断深化“校市相融，校企合作”的办学特色，主动服务区域经济社会发展，大力培养富有社会责任感、创新精神、理论联系实际和国际视野的应用型高级专门人才。

（一）广西科技大学社会工作专业简介

1. 社会工作专业简介

广西科技大学社会工作本科专业于2001年正式成立，2002年正式招生，截至2021年，已招生19届。社会工作在校学生280余人，毕业生将近1500人。目前社会工作专业教职工10人，其中拥有博士学历5人、博士在读2人。2010年，学校开始有计划地改善社会工作专业的办学条件、规范社会工作专业的教学行为、提升社会工作专业的教学质量，以迎接中国社会工作教育协会在全国开展的社会工作专业评估。2011年，社会工作专业确定为学校首批专业评估（认证）建设试点专业。2014年，在学校和学院的大力支持下，社会工作专业拥有社会工作观察室、社会工作小组室、社会工作个案室、社会工作机房、社会工作中控室，社会工作专业教学设备得到很大提升和改变，社会工作实验室教育教学质量得到进一步提升。2015年，社会工作专业开展本科专业评估，社会工作专业建设和人才培养质量得到进一步提升。2018年，社会工作专业申报社会工作硕士（MSW）学位授权点，2019年正式招收社会工作硕士研究生。

2. 社会工作专业在专业建设与人才培养方面的成效

2014年以来，社会工作专业突出自身地方办学特色，立足地方，服务于地方社会经济发展，在专业建设和人才培养等方面取得良好成绩。截至2021年，社会工作专业获教育部思政精品项目1项，获广西壮族自治区区级教学成果奖等奖项53项，科研项目21项，社会服务项目55项，获民政部、民政厅政策理论研究奖项近10项，获第二届中国青年志愿服务项目大赛铜奖2项，出版著作6部，发表论文40多篇；建立全国学校与青少年社会工作实践基地1个，建立市-区级社会组织孵化基地（社会工作发展中心）2家，培育孵化30家社会组织，实践场域覆盖近30多个社区；15人被聘为广西社会工作协会评估专家，7人被评为柳州市社会工作领军人才，3 人获得广西高校思政教育杰出人才支持计划，督导强强荣获“全国第二届社会工作领军人物”称号等。

同时，社会工作专业学生的创新实践能力培养得到很好锻炼，社会工作本科生社会服务能力显著提升。2014 年至 2021 年期间，“青学社工”大学生社会实践团队等队伍累计 6 次获得全国、自治区大中专学生暑期文化科技卫生“三下乡”社会实践活动重点团队和优秀团队。团队获得“柳州慈善奖”团体奖(2014)；撰写调研报告 50 多篇、心得体会 100 多篇，录制青学社工视频 7 部；涌现出“驻疆社工”袁文岚等 25 名优秀典型。“青学社工”大学生社会实践团队成员获各级各类竞赛、项目硕果累累：获“挑战杯”全国、自治区区级大学生课外学术科技作品竞赛奖项近 20 项；获全国社会工作大学生论坛、梁国治中国社会工作教育发展奖学金奖项多项；国家、自治区大学生创新创业项目 47 项，校级社会实践服务项目近 30 项。

社会工作专业的教育与实践模式在广西科技大学、柳州市城中区、广西多个城市的民政系统等地应用。成果在中央电视台、新华网、人民网等媒体公开报道，相关新闻达 80 篇。成果获教育部、社会工作专业教育指导委员会专家及同行的好评与推介，并在中国社会工作年会等会议进行推广。

（二）社会工作专业人才培养方案

1. 培养目标

社会工作专业培养掌握社会工作的基本理论、方法和技能，具有综合运用社会工作相关知识和方法去解决问题的基本能力，能在社会工作机构、社会团体、社会保障与福利机构、企事业单位、党政机关等从事职业社会工作、社会行政管理、人事管理、社会服务等工作的专门人才。

2. 培养要求

（1）具有良好的思想政治素养，树立正确的世界观、人生观与价值观，养成良好的道德情操和行为规范。

（2）具有一定的人文社会科学和自然科学知识，具有良好的人际沟通、协调和合作的能力。

（3）掌握社会工作的基本理论、方法和知识，确立社会工作的专业价值观，熟练掌握社会工作的实务技能和方法，善于运用社会工作的知识和方法有效开展社会工作服务。

（4）比较熟练地掌握英语，具备较好的听、说、读、写能力和专业信息获取及处理的能力。

（5）养成良好的锻炼习惯，具有健康的体魄和健全的心理。

（6）学会学习，具备较强的学习能力，养成终身学习的习惯。

3. 毕业基本规格要求

（1）知识要求

通识课基础知识。具有良好的思想政治素养，树立正确的世界观、人生观与价值观；比较熟练地掌握英语，具备较好的听、说、读、写能力和专业信息获取及处理的能力；养成良好的锻炼习惯，具有健康的体魄和健全的心理。

社会科学基础知识。具备一定的人文社会科学和自然科学知识，具有良好的人际沟通、协调和合作的能力。

社会工作专业知识。掌握社会工作的基本理论、方法和知识，树立社会工作的专业价值观，熟练掌握社会工作的实务技能和方法，善于运用社会工作的知识和方法有效开展社会工作服务。

（2）能力要求

获取知识的能力。通识类基础知识、专业基础知识的学习，培养学生的自学能力和终身学习能力，掌握高效科学的学习方法及社会调查各类知识的获取能力。

专业知识应用能力。通过专业课程的学习和训练，学生将具有扎实的基础理论知识，具有较强的提出问题、分析问题和解决问题的能力。这些能力主要包括：综合应用社会工作专业方法的能力；心理咨询与辅导的能力；社会调查与统计分析的能力；团队合作及执行的能力；社工项目开发设计及管理的能力。

社会适应能力。学生应具有较好的人际交往能力、就业能力和社会服务的能力。

（3）素质要求

思想道德素质。坚持四项基本原则，热爱祖国，掌握社会发展的基本规律，树立正确的世界观、人生观；具有较好的职业道德和伦理操守。

文化素养。培养学生具有较高的文化素养。

专业素养。学会逻辑思维、辩证思维；独立运作社会科学研究的基本方法；体现出社会工作助人自助的专业素养。

4. 主干学科与核心课程

（1）主干学科

主干学科为社会学。

（2）核心课程

学科基础核心课程：社会学概论、社会心理学、社会调查研究方法、社会保障概论。

专业核心课程：社会工作导论、个案工作、小组工作、社区工作、社会行政、社会福利思想。

5. 课程体系结构及学时学分分配

课程体系结构由第一课堂和第二课堂组成，共计 189 学分；第一课堂和第二学堂分别由四个部分组成，见表 3－1 所列。

表 3－1　课程体系结构及学时学分分配一览表

第一课堂（175 学分）					
序号	课程内容	学分	序号	课程内容	学分
1	通识课程	49.5	3	专业课程	43
2	学科基础课程	47	4	集中实践课程	35.5
第二课堂（14 学分）					
序号	课程内容	学分	序号	课程内容	学分
1	思想政治理论课社会实践	3.5	3	社会实践	4
2	形势与政策	2	4	课外创新学分	4.5

6. 社会工作专业人才培养方案的必要说明

（1）专业培养目标规格的设计依据

《国家中长期教育改革和发展规划纲要（2010—2020年）》；《教育部等部门关于进一步加强高校实践育人工作的若干意见》（教思政〔2012〕1号）；《教育部关于全面提高高等教育质量的若干意见》（教高〔2012〕4号）；《教育部关于开展普通高等学校本科教学工作审核评估的通知》（教高〔2013〕10号）；《普通高等学校本科专业目录和专业介绍（2012年）》；《社会工作专业主干课程教学基本要求》（2004年，高等教育出版社）；中国社会工作教育协会《社会工作专业评估指标体系》。

（2）专业课程体系的设计思路

以培养集知识、能力和素质于一体的应用型人才为目标，社会工作专业课程体系主要从社会工作涉及的知识领域、知识单元和知识点来进行设计。社会工作的知识领域主要涉及社会学、心理学、政治学等领域，选取最相关学科的最相关课程，通过理论教育、实验实践等环节来实现人才培养的目标。就课程层次设计而言，从通识类课程、学科基础课、专业课、实践环节的显性课程和其他公益劳动、志愿服务等隐性课程来实现。结合教学手段、教学方法、教学规模、考核方式等达到最终目标。专业核心能力培养实现路径与核心课程体系的对应关系见表3－2所列。

表3－2 专业核心能力培养实现路径与核心课程体系的对应关系

专业核心能力	实现路径	主要核心课程
运用跨学科综合能力	理论教学+实践	社会学概论、社会心理学、社会调查研究方法、社会保障概论
社会工作专业知识和方法的运用能力	理论教学+实验室实训+实习	社会工作导论、个案工作、小组工作、社区工作、社会行政、社会福利思想

（3）实践教学体系的设计思路和具体内容

实践教学体系的设计思路是：理论+实践；教学与实务一体化；实习。实践教学体系的具体内容见表 3－3 所列。

表 3－3　实践教学体系的具体内容

思路	序号	课程名称	总学时	实践学时	实践地点	实践方式	安排学期
理论+实践	1	思想政治理论课社会实践			柳州市内	分散	第一、二、四、五、六学期
	2	个案工作	56	16	社工实验室	集中、分散	第四学期
	3	小组工作	56	8	社工实验室	集中	第五学期
	4	社区工作	48	8	柳州市内	集中	第六学期
教学与实务一体化	1	计算思维与计算文化	48	28	机房	集中	第一学期
	2	社会调查研究方法	48	8	柳州市内调查	分散	第三学期
	3	社会统计学与SPSS 运用	64	16	实验室	集中	第四学期
实习	1	社会调查与实习	5 周	5 周	柳州市内	集中、分散	第三学期

（三）广西科技大学社会工作专业“校地协同”教育与实践的发展简况

2011 年中央组织部、中央政法委、民政部等 18 个部门和组织联合发布了《关于加强社会工作专业人才队伍建设的意见》（以下简称《意见》），提出“加强和创新社会管理，培养造就一支高素质的社会工作专业人才队伍，为加强和创新社会管理、构建社会主义和谐社会以及巩固党的执政基础提供有力的人才支持”。该《意见》是中央第一个关于社会工作专业人才的专门文件。为了加快社会工作学科专业体系建设，推动人才培养基地建设，2010—2014 年间，社会工作专业与深圳、广州、东莞等地的 10 家社会工作机构签订了“校企实习基地”建设协议，为社会工作专业的学生实习以及增强应用能力创造了良好条件。

随着2014年国务院印发《关于加快发展现代职业教育的决定》，学校社会工作专业教育在学校应用型办学方向转型的过程中，开始进行传统课堂教学模式改革，深化校地合作，以实现培养服务地方的社会工作应用型人才。同年，社会工作专业与柳州市共青团挂牌成立了广西第一个“青少年事务社工人才培养基地”，为社会工作专业培养地方社会工作应用型人才提供了更好的平台，也开启了社会工作专业“校地协同”的新序幕。

2015年，社会工作专业与柳州市柳南区河西街道共建实习实践基地，建立河西社工（“青学社工”的雏形）大学生社会实践基地项目，并入选广西高校大学生社会实践活动精品项目。同年，社会工作专业与柳州市民政局共建社会工作人才培养实践基地，鼓励社会工作专业教师领办社会工作服务机构，并开始承接柳州市及城区的社会组织孵化基地项目。2017年，社会工作专业与柳州市城中区潭中街道共建实习实践基地，建立“青学社工”大学生社会实践基地项目。同时，社会工作专业师生先后组队到河池、百色以及柳州融安的多个农村开展农村社会工作服务和社会调研活动，拓展专业与地方农村的社会工作教育的实践平台，提升学生的社会工作理论应用能力和社会调研能力，如“三听三讲”宣讲团、边境地区流动人口调研队等。其中“三听三讲”宣讲团入选全国、广西大中专学生志愿者暑期文化科技卫生“三下乡”社会实践活动重点团队。

2019年，社会工作教育与实践的“校地协同”共建模式继续拓展和推进，社会工作专业联动多个专业，扎根基层，深入农村，开展社会工作实践与社会调查，如创新青学社工“校地协同”新路径、深入广西贫困地区等开展川黔滇桂四省农村“光棍”的婚姻研究、偏远农村贫困的代际传递调查及对策研究等。“青学社工：“校地+专业”协同实践育人体系建设”入围教育部第二批高校思想政治实践育人精品示范项目。2021年社会工作专业与柳州市城中区潭中街道、静兰街道，以及柳州市城中区团委共建多方合作模式，进一步创新“校地协同”新路径，同时与融安县新桂村建立合作共建，助力乡村振兴战略。社会工作专业教师领办的社会组织继续承接柳州市社会组织孵化基地，同时首次承接柳北区社会组织孵化基地。社会工作学生参与的“时间银行”养老调研团、青学社工“校地合作”的城市和乡村两个团队分别入选全国、广西大中专学生志愿者暑期文化科技卫生“三下乡”社会实践活动重点团队。

二、“1+N”联动模式：学校与柳南区河西街道的社会工作教育与实践的共建模式

（一）柳州市柳南区河西街道的概况

柳州市柳南区位于柳州市区西北部，辖河西街道、柳南街道、柳石街道、南站街道、鹅山街道、银山街道、潭西街道、南环街道8个街道和太阳村镇、流山镇、洛满镇3个镇，55个城市社区，42个行政村（居委），总户籍人口约41万（截至2021年）。柳南区的GDP、工业总产值等主要经济指标位列全市乃至广西前列。2017—2018年，连续两年获得自治区“广西科学发展先进城区”表彰。柳南区辖区有柳工集团、上汽通用五菱、广西汽车集团等大型企业，自治区级“柳州河西高新技术产业开发区”也坐落辖区。柳南区被列为广西城市基层党建示范城区，行动学习实施推广过程中的“柳南经验”和“柳南模式”获自治区肯定，并在广西推广①。

柳州市柳南区河西街道办公地址位于柳南区河西路15-10号，下辖五菱、中山花园、龙福、宏都、和平、金绿洲、柳工、钢联、富丽嘉9个社区。河西街道9个社区都建立了一站式服务平台，实现政务、办证服务大厅、办公网络信息化等硬件设施的领先，实现社区服务信息化管理。河西街道辖区总人口6.8万余人，面积约9平方千米。驻辖区大型企业有柳州五菱汽车有限责任公司、上汽通用五菱汽车股份有限公司、广西柳工集团有限公司等单位。

截至2021年12月，街道建立各种社区服务网点达50多个，社区老年活动中心（室）7个、卫生服务站4个、社区文化艺术培训中心4个、电子阅览室2

① 广西柳州柳南区人民政府网站：http：//www. liunan. gov. cn/llln/lngk.

个、社区图书室7个、托儿所12所、社区家政服务站3个、劳动保障所（站）10个。经过整合和优化，已基本形成以街道服务中心为核心的社区服务网络体系。

柳南区是柳州市的工业城区，辖区内各类企业较多，随着国有企业体制改革，很多企业包管的业务转移到社区。伴随着柳南区单位体制改革、城镇化发展以及社会老龄化形势严峻，居民的公共服务需求出现多样化和复杂化。如随着企业规模的逐渐扩大，企业职工的数量也在逐渐增加，企业双职工孩子的课外活动面临多样化、丰富化的需求；社区的空巢老人、退休职工等在不断增加，关心关怀和照顾老人的社会需求非常迫切，而当地社区设施服务和管理比较滞后，当地政府和社区等部门的公共服务面临着严重挑战。

（二）学校与柳南区河西街道打造河西社工大学生社会实践基地项目

2015年4月，学校与柳南区河西街道共建社会工作专业实践基地，并从共建实践基地的基本原则、“1+N”实践共建活动内容、实践共建要求等方面进一步探索城市社会工作治理新方法，完善学校与地方联建共建机制，推动学校社会工作专业与地方社会治理融合。

1. 实践基地的基本原则

学校与街道围绕中心、服务大局、统筹兼顾、整体推进的原则，通过开展活动，改进社区生活，丰富居民活动内容，增强活动实效，增加专业与共建街道的互动交流。

2. “1+N”社会工作联动实践活动内容

“1”即以社会主义核心价值观为一条主线，邀请柳南区街道、社区领导结合新常态、新形势讲授社区工作等实务课程，通过课程让社会工作专业学生加深对街道、社区知识的了解和认知，强化学生的爱国主义及专业情怀。“N”是结合基层实际，以体验式服务为主，在街道、社区围绕主题开展各类丰富的培训活动，让学生参与社区服务工作、到企业参观学习、去养老服务机构实践等N种形式内容的活动，让学生锻炼自我，增长才干。

形式 1：选派街道—社区挂职锻炼

社会工作专业的学生到街道、社区挂职锻炼，协助社区的活动策划、课题调研、文化宣传、公文写作等工作，增加学生服务基层、服务社会的意识和能力，充实基层社区工作人员力量，搭建基层社会工作服务的桥梁和纽带。

形式 2：共建社会实践创新平台

学校和街道根据专业特色和社区特色，积极鼓励大学生在基层社区基于国家大政方针、时事政治开展专题调研和社会实践创新项目，打造形式多样化的大学生社会实践教育和开展社区服务的平台。

形式 3：开展双向宣讲活动

依托广西科技大学与柳南区基层社会治理工作双向宣讲队伍，着重围绕国家政策、地方社会治理政策、社会工作理论、社会工作方法等重点内容，采取专题宣讲等方式，在校园和街道、社区开展宣讲活动。

形式 4：进行企业见习实习活动

尝试实现学校与政府、企业相合作的运转方式，招募社会工作专业学生进五菱、柳工等企业，开展企业社会工作见习活动，进一步拓展学校团组织的社会功能，树立特色的专业品牌，提供微家志愿服务，打造服务型“河西社工”。

3. 实践基地要求

基地双方要加强基地工作的组织领导，根据专业服务和发展建立有效联系与沟通渠道，每年召开一次共建工作交流会，总结本年度工作，深化结对共建活动内容，并提出改进意见，调整和充实下年度实践基地共建活动计划。

三、党建联建模式：学校与城中区潭中街道等的社会工作教育与实践的共建模式

柳州市城中区是柳州市政治、文化、教育、金融、商贸中心区。中共柳州市委、市人大、市政府、市政协机关等直属委办局，广电中心、体育中心、广西科技大学、柳州高中等文体教育单位，以及银行、证券公司等多家金融单位均驻于区内。城中辖区有城中、公园、中南、潭中、河东、静兰、沿江 7 个街道办事处

及28个社区和6个行政村，辖区内居住有汉、壮、回、苗、瑶、侗、满、京、仫佬、毛南等23个民族①。

（一）柳州市城中区街道概况

1. 柳州市城中区潭中街道概况

潭中街道办事处位于广西壮族自治区柳州市城中区，成立于2002年7月，是柳州市河东片区政治、经济、金融中心。办事处下辖9个社区和1个行政村，即潭中街道有阳光100社区、康顺社区、文昌社区、西雅社区、科大社区、桂中社区、谭东社区，金泰苑社区、文昌社区和城中村。

街道办公地址在柳州市东环路230号居上V8城D座。潭中街道办事处东至学院路、市人民医院，西达柳江河堤，南到文昌路主干道，北至高新三路。区域面积约10平方千米，常住人口55999人（城中区第七次全国人口普查，2010年）。辖区内有党政机关、企事业单位140多家和全市最大的高等学府——广西科技大学，以及15个绿色环保住宅小区。办事处下辖的桂中社区先后荣获全国敬老模范社区、全国商业示范社区、柳州市十大和谐社区等荣誉称号；潭东社区获评自治区民政先进社区、自治区星级社区；文昌社区被评为柳州市示范社区（2010年）。

2. 柳州市城中区静兰街道概况

静兰街道位于广西壮族自治区柳州市城中区，地处城中区东北部，东、东南柳江与鱼峰区相望，南与鱼峰区麒麟街道接壤，西与潭中街道、河东街道毗邻，北与鱼峰区洛埠镇隔柳江相望，东西最大距离7.68千米，南北最大距离13.54千米，总面积40.92平方千米。静兰街道办事处成立于2005年8月，是原柳东镇撤销后建立的两个办事处之一。静兰街道下辖三门江1个社区，静兰、柳东、环江3个行政村；下设6个居民小组，34个村民小组，总人口4.5万人，是城中区最大的涉农街道。静兰街道有文化活动中心6个；有各类图书室6个，藏书7600余册；有业余文艺队1个，人员20人。

① 资料来源：《柳州市城中年鉴2020》。

（二）联创联建：学校与城中区建立青学社工大学生社会实践基地项目

2017—2021 年间，学校先后与城中区潭中街道、静兰街道共建青学社工大学生社会实践基地。学校与街道从共建基本原则、共建活动形式、共建活动内容、共建要求等方面探索提升基层社会治理的办法，完善联建共建机制，推动高校社会工作专业教育与地方基层社会治理有效融合，实现社区高质量服务。

1. 共建基地的基本原则

学校与街道通过开展活动改进组织生活、丰富活动内容、增强活动实效，突出实践特色，双方相互支持，不断提升基层社会治理，加强高校社会工作专业与街道的相互交流，努力形成互带互动、优势互补、资源共享、有序推进、共同发展的基层社会治理工作新格局。

2. 结对共建活动形式

（1）双方建设互促

拓展和完善高校专业和街道服务的服务功能，充分发挥双方的自身优势，以多种方式交流社会服务经验，共建资源，加强基层社会治理，提高服务群众水平。

（2）师生与社区工作人员互动

根据需要，邀请师生或社区干部参与对方单位的专业发展建设，进一步发挥双方专业之间的交流与互动。

（3）党建载体互用

双方充分发挥本单位的优势，利用本单位的党建资源，共同开展党建活动，提升双方党建工作整体水平。

（4）科学发展共赢

结合专业学习教育、实践教学、青年志愿服务等工作及社会实践创新项目，双方每年为共建合作提供支持，增强社区干部和师生的服务社会意识，增进与群众的感情，着力帮扶社区弱势群体，实现校地科学发展互惠互赢。

3. 共建活动内容

（1）校地联建创联活动

专业和街道开展党建工作“结对共建·强基创优”活动，着力增强高校、街道的宗旨意识，提高高校专业师生为社会服务的服务意识和服务水平，努力实现校地互知共融、互惠共赢的工作目标。

（2）大学生志愿服务活动

招募社会工作专业志愿者，到街道、社区开展基层党建服务、青少年工作、社区服务、医疗卫生、创建文明城市等方面的志愿服务。加强学院与街道的合作，引导社会工作专业大学生弘扬志愿服务精神，积极为基层服务，进一步推动服务型基层组织建设。

（3）大学生社会实践创新项目

学院和街道根据专业特色和街道特色，自行设计开展大学生社会实践创新项目，打造形式多样化的大学生社会实践教育和开展社区服务的平台。

（4）双向宣讲活动

依托广西科技大学与城中区党建工作双向宣讲队伍，着重围绕党的光辉历史、社会主义核心价值观、党的十九大精神、先进模范人物事迹等重点内容，采取专题宣讲等方式，在校园和街道、社区开展宣讲活动。

（5）专业学生到街道、社区、“两新”党组织挂职锻炼

分批选派专业骨干到街道、社区、“两新”党组织进行挂职锻炼，协助处理日常党务、党建活动策划、党建课题调研、党建文化宣传、信息采集、公文写作、社区服务等工作，增强学生服务基层、服务社会的意识和能力，充实基层党建工作力量，搭建党建工作的桥梁和纽带。

4. 对共建要求

（1）结对双方要加强结对共建工作的组织领导、明确分管领导和具体负责部门、根据工作实际和需要随时相互联系和沟通，每年年底召开一次结对共建工作交流会，总结本年度工作，深化结对共建活动内容，并提出改进意见，调整和

充实下年度结对共建活动计划。

（2）结对负责各项活动的组织发动和部分后勤保障工作，学院负责活动项目的策划、人员组织、专业技术指导和资料汇总整理等。学院以服务街道、辖区单位、社区居民为宗旨，立足本单位的职责、职能，开展各项实践和志愿服务活动，形成共同关心和参与街道、社区建设的良好氛围。

（3）结对双方做好各类宣传引导工作，积极主动地发挥各自的职能优势，注重“软件”建设，不断探索结对共建工作切入点，在共建活动形式和服务内容等方面探索新思路，使共建活动既有特色，又富有创新，努力提高结对共建工作水平和内涵。

四、三方合作模式：学校与柳州市民政局的专业共建模式

（一）柳州市民政局简介

柳州市民政局是柳州市政府主管社会行政事务的职能部门，履行着“上为政府分忧，下为群众解愁”的重要职能，主管救灾救济、双拥优抚安置、民间组织管理、基层政权建设、城市（农村）居民最低生活保障、社会福利和社会事务、区划地名等工作；2021 年 9 月 17 日，被表彰为“全国农村留守儿童关爱保护和困境儿童保障工作”先进集体。

柳州市民政局结合当地社会经济特征，主要从以下几个方面开展社会工作：

（1）拟订全市社会工作发展规划和政策，起草社会工作规范性文件，并组织实施和监督检查；

（2）负责对社会团体、社会服务机构等社会组织进行监督管理；

（3）组织拟订全市社会救助工作规划、政策和标准，统筹社会救助体系建设，负责城乡居民最低生活保障、特困人员救助供养、临时救助、生活无着流浪乞讨人员救助工作。指导救助对象家庭经济状况核对工作。

（4）拟订全市城乡基层群众自治建设和社区治理政策，指导城乡社区治理体系和治理能力建设，提出加强和改进城乡基层政权建设的建议，推动基层民主

政治建设。

（5）统筹推进、督促指导、监督管理养老服务工作，拟订全市养老服务体系建设规划、政策、标准并组织实施，承担老年人福利和特殊困难老年人救助工作。

（6）拟订全市残疾人权益保护政策，统筹推进残疾人福利制度建设和康复辅助器具产业发展。

（7）拟订全市儿童福利、孤弃儿童保障、儿童收养、儿童救助保护政策、标准，开展儿童保护工作，健全农村留守儿童关爱服务体系和困境儿童保障制度。

（8）组织拟订全市促进慈善事业发展政策，指导社会捐助工作，负责福利彩票管理工作。

（9）拟订全市社会工作政策和标准，会同相关部门拟订全市志愿服务政策，组织推进社会工作人才队伍建设和志愿者队伍建设。

（10）相关服务。强化基本民生保障职能，为困难群众、孤老孤残孤儿等特殊群体提供基本社会服务，促进资源向薄弱地区、领域、环节倾斜。积极培育社会组织、社会工作者等多元参与主体，推动搭建基层社会治理和社区公共服务平台①。

（二）学校与柳州市民政局共建社会工作专业人才培养基地

2014年3月，柳州市民政局联合广西科技大学一起举办国际社工日活动。在活动现场，柳州市民政局提出与广西科技大学共建社会工作人才培养基地，希望和学校一起以推动本地社会工作服务发展。2015年，为了充分发挥高等院校的人才优势和行政机关的资源优势，推进双方在社会工作人才实践和科学研究上的真诚合作，本着相互支持、互惠互利的原则，广西科技大学与柳州市民政局友好协商，就合作建立社会工作人才实践基地事宜达成如下协议：

1. 合作目标

双方密切合作，打造柳州市社会工作人才实践基地。学校在柳州市民政局建

① 资料来源：柳州市民政局官网 http：//mzj. liuzhou. gov. cn.

立社会工作人才实践基地，推动柳州市社会工作孵化和培育工作，促进柳州社会工作人才队伍建设。

2. 合作形式

推动广西科技大学社会工作专业老师领办社工机构，探索行政机关、高校和社会组织三方联合培养创新型、实用型社会工作人才的新模式，构建适应社会组织发展需求的人才输送渠道。

3. 合作内容

双方可开展教学、科研项目的合作研究、申报、实践工作，在就业招聘、项目研发、技术培训等方面进行更广泛的合作，以实现实践基地成效最大化，发挥其研究社会问题、维护社会公平、促进社会和谐、推动社会进步的功能。

注重发挥市、区、街三级培育机构作用和学校社会工作专业优势，突出专业引领，强化“政校合作”，为社会组织培育人才，提供智力支持。

（三）柳州市社会组织孵化基地项目

2015 年 12 月，在柳州市民政局的大力推动和广西科技大学的专业配合下，柳州市社会组织孵化基地揭牌成立。2016 年 1 月，广西科技大学专业老师领办的致用社工中心承接市社会组织孵化基地的社会治理服务项目。

1. 柳州市社会组织孵化基地项目简介

柳州市社会组织孵化基地是集社会组织培育孵化、党建工作指导、孵化组织的能力建设、公益项目资源对接、项目督导与评估、筹集传播、社会创新展示与交流等功能为一体的综合性社会组织服务平台，为初创期或筹建期的社会组织提供能力建设培训、联合办公场地支持、政策法规解读、财务指导、社工督导和评估、注册指导和咨询等服务，培养社会组织健康、持续、规范发展。基地由柳州市致用社会工作服务中心（广西科技大学社会工作专业老师领办）全面运营和管理。

2. 柳州市社会组织孵化基地运行机制

柳州市社会组织孵化基地采取政府—高校—社会三方分工合作模式来运行。

柳州市民政局作为政府部门，发挥统筹角色；广西科技大学及“青学社工”大学生社会实践基地是教学研究机构和学生实践平台，发挥项目研究、公益服务和志愿服务支持等功能；致用社会工作服务中心作为民间组织，要在政府监督和高校指导下负责日常运营工作（表3－4）。

表3－4　关于柳州市社会组织孵化基地的政—校—社三方分工

部门	内容
柳州市民政局	负责孵化中心监管、督促、协调；资金供给者；办公、场地和设施提供
广西科技大学（社会工作系）	项目研发；资源链接、引进项目支持；监管社会组织孵化基地营运及管理工作；公益服务和志愿服务；学术研究
社会组织	孵化中心的管理体系的建立、组织孵化、能力提升（公益创投）、服务保障、协助宣传拓展、提交月度及年度报告、提供联络、协调

柳州市社会组织孵化基地的运营工作方向、孵化基地运营目标、孵化基地服务要求和服务范围等如下：

（1）运营方向：致力于健全“党委领导、民政主导、政校合作、民间运营”的社会组织管理格局。

（2）运营目标：孵化、培育和运营一批社会组织，打造广西领先的社会组织孵化基地，建成社会组织的集成平台和互联共享平台，满足柳州市人民群体需求，服务柳州市社会经济发展。

（3）服务宗旨及使命：A. 服务宗旨：竭诚为柳州市社会组织提供科学、系统、全方位的孵化服务；整合政府、高校和社会组织资源，增强社会组织服务能力。B. 服务使命：将社会组织相关的政策法规和地方经济社会发展的动态传达给社会组织。

（4）服务范围：社会组织注册一站式孵化；社会组织交流、教育、培训、合作；社会组织的督导和评估；社会组织承接政府转移职能的调研和研究；社会组织党群服务工作；公益创投；成果展示和宣传。

参考文献

[1] 董广芝，夏艳霞. 高校实践育人共同体建设研究 [J]. 黑龙江高教研究，2018 (12)：133-135.

[2] 李迎生. 党的领导与新时代社会工作高质量发展 [J]. 中国特色社会主义研究，2021 (5)：76-84.

第四章 项目驱动：“青学社工”大学生社会实践基地项目的运作模式

一、“青学社工”项目基本概况

（一）“青学社工”项目缘起

为拓展创新我校大学生志愿服务、实践服务和专业实践教学模式平台，培育我校大学生的社会责任感、实践能力和创新精神，提高其专业服务能力，广西科技大学围绕深化中国特色社会主义和中国梦宣传教育主题，创新开展和实施了“青学社工”大学生社会实践基地项目（以下简称“‘青学社工’项目”）。“青学社工”，顾名思义就是青年大学生社工，由“青年志愿者+团学骨干”组建而成，依托社会工作和自身所学的专业深入社区和乡村开展专业实践教育活动，其前身是2015年6月广西科技大学与柳州市柳南区河西街道共同打造的思想政治工作特色项目“河西社工”。“河西社工”项目于2015年7月在柳南区河西街道正式启动，依托广西科技大学社会科学学院社会工作专业师生，协同河西街道等有关单位开展实践服务，于2016年出色完成了“河西社工”项目，取得了突出成效，获得了良好的社会反响。2017年，在“河西社工”的基础上，创新推出了“青学社工”项目，即“河西社工”项目的升级版。

图 4－1　2015 年“河西社工”揭牌仪式

图 4－2　2016 年“河西社工”之河西夜话

图 4－3　2017 年“青学社工”实践汇报

图 4－4　2018 年“青学社工”启动仪式

图 4－5　2019 年“青学社工”成果汇报

图 4－6　2020 年“青学社工”成果汇报

图 4－7　2021 年“青学社工”启动仪式

图 4－8　2021 年“青学社工”成果汇报

（二）“青学社工”项目运作理念

“青学社工”项目紧紧围绕立德树人的育人理念，依托学校“校市相融，校企合作”的鲜明办学特色，结合地方政府尤其是街道、社区服务和大学生专业社会实践培育的需求，通过“校地”即“学校+政府+社会”三位联动，有效整合校内外资源，探索高校大学生社会实践和志愿服务的长效服务新模式，聚力培养担当民族复兴大任的时代新人。项目服务团队坚持“以青春缔造青春，用生命影响生命”为宗旨，以“城市+农村”为实践服务点，以“大学生挂职锻炼+社会服务+专题调研”为服务方式，深入社区、深入群众，策划和开展一系列特色“微社区”服务活动：比如，开展社会主义核心价值观专题、城市社区居民生活需求、贫困家庭代际传递和农村“光棍”的婚姻等系列主题实践调研活动。

（三）“青学社工”项目建设目标

“青学社工”项目严格按照“传承性、特色性、持续性、实效性、创新性”的标准推进项目建设，紧紧围绕立德树人的根本任务，坚持理论教育与实践养成相结合，践行知行合一理念，注重教育引导师生在亲身参与中深化理论自觉、增强实践能力、孕育家国情怀，着力培养学生的实践能力、创新创业意识、社会责任感、爱国主义、集体主义精神，以及艰苦奋斗、吃苦耐劳的作风，使之成长为有理想、有本领、有担当的新时代青年。

二、"青学社工"项目运作模式

为加强对项目的有效运作和管理，"青学社工"项目团队以项目为驱动，围绕项目实施和管理过程，从制度顶层设计（System top-level design）、多元服务模式（Multi-service model）、资源链接模式（Resource link mode）、人才培养模式（Talent training model）和成果宣传模式（Service publicity model）等方面完善项目运作全过程，进一步优化项目运作模式，推动"青学社工"项目的与时代发展相适应，实现专业发展与人才培养目标（图4-9）。

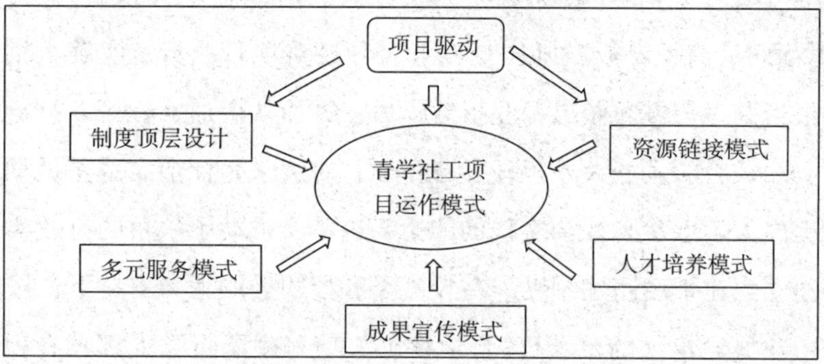

图4-9　青学社工项目的运作模式

（一）"青学社工"项目的制度顶层设计

"青学社工"项目的制度顶层设计包括制定出台项目管理制度、制定出台激励保障制度、推行项目双向督导制度、建立党建带动团建制度四个方面。

一是制定出台项目管理制度。制定出台项目管理制度，有利于促进项目的制度化、规范化运作。"青学社工"教师团队按照项目建设标准，围绕立德树人的根本任务，结合新时代大学生实践特点，以坚持培养有理想、有本领、有担当的时代新人的目标为导向，着力强化顶层设计，按需设项、据项组团，及时制定出台《"青学社工"项目管理制度》，从全局、全方位、全过程高屋建瓴把控项目的设计、运作和实施，加强项目进度、流程、风险等事项的监督管理。围绕管理制度，制定《“青学社工”大学生社会实践基地项目运行方案》，加强对项目的统筹实施和管理。

二是制定出台激励保障制度。项目激励层面，学校制定出台激励保障制度，从大学生实践先进个人表彰、优秀实践报告论文表彰、先进团队表彰等方面，落实大学生激励措施，激发大学生参与社会实践的热情和积极性。同时，落实“双培养”制度，将优秀学生培养成党员，将党员培养成项目管理骨干，进一步加强项目团队人才管理和激励。坚持以人为本核心理念，在推动专业人才有效施展才能的同时，确保专业人才得到激励和保障。

三是推行项目双向督导制度。项目实施层面，制定并推行“双向督导制度”。一方面聘请高校专业教师担任专业督导，对项目执行、实践大纲、实地调研、调查报告撰写等方面做出专业指导；另一方面从街道、社区、社会组织中聘请有丰富实践经验的实务人才担任实务督导，对大学生社会实践基地项目进行实务督导，提高大学生参与社会实践的能力，进一步推动了项目的有效实施。

四是建立党建带动团建制度。在校党委和校团委的大力支持下，按照“党建带团建、团建促党建”的要求，“青学社工”项目团队将党支部建在项目上，再通过党支部推动以学生党支部支委为骨干力量成立校级青学社工社团，引领更多其他专业的大学生共同服务基层，参与志愿服务。进一步完善党建带团建制度，形成社区、社会组织和大学生党员积极响应的联动治理格局。

（二）“青学社工”项目的多元协同工作模式

“青学社工”项目的多元协同工作模式包括“校地”多方联动工作模式、“党建+青学社工”工作模式、项目管理五级主体工作架构、多元学科协同支撑工作体系四块内容。

一是“校地”多方联动工作模式。“校地”多方联动工作模式，即是“学校+政府+社会”三方联动的工作模式。“青学社工”项目的推动和发展，得益于学校、政府和社会三方面的支持。项目团队充分运用学校政策，在学校支持下，积极探索社会工作在学校、政府和社会之间的互动模式，构建党委统筹部署、政府扎实推广、社会广泛参与、学校着力实施的多元协同工作模式，增强了多元主体协同工作能力。

二是"党建+青学社工"工作模式。项目团队以"青学社工"项目为平台，将支部建在项目上、专业上，创新推出"党建+青学社工"工作模式，将国家政策宣传工作同高校师生党员深入社区基层参与为民办实事相结合，在为民办实事的实践中锤炼党性，探索出一套党建工作模式，推动新时代高校党建工作机制建设。

三是项目管理五级主体工作架构。以党建联建为纽带，以"青学社工"项目为契机，由学校党委负责宏观管理、学院党委指导、党支部具体落实，衔接街道党工委、社区党委，形成"校地"党建联建项目制度，建立起以党支部为中心媒介的项目管理五级主体架构，即学校党委—学院党委—街道党工委—社区党委—党员的五级管理架构，推动"青学社工"项目有序实施。

四是多元学科协同支撑工作体系。打造以社会工作为核心，依托汉语、艺术、音乐、体育等支撑学科和相关学科构成的学科体系，促进学科间的相互交叉、融合与渗透，形成学科间互联互补、共生共荣的机制，实现学科发展的综合效应、交叉效应和横向效应，推动教育要素在校内有效配置，构建多学科协同支撑的实践育人体系。

（三）"青学社工"项目的资源链接模式

"青学社工"项目的资源链接模式包括发挥专业优势实现资源整合、开展合作教育实现资源共享和结合资源特征实现资源配置三个方面。

一是发挥专业优势实现资源整合。资源链接是社会工作专业的重要功能。社会工作专业大学生作为社区服务中的资源链接主体，通过对社会资源的发掘、梳理和整合，有效满足社区居民的需求，发挥社区、居民、社区自组织资源以激发居民自身的治理潜力。在"青学社工"项目实践中，项目团队凭借自身专业优势和学生身份优势，通过从大学生青年志愿者协会、专业文化社团等方面进行多元化联结资源，同时，结合社区特点和需求、居民特征和需要将资源进行整合，提升社区美好家园建设。

二是开展合作教育实现资源共享。基于学校“校地共建、校市相融”的办学特色，学校和当地政府部门搭建社会工作专业实践平台，鼓励社会工作师生走出课堂，走进社会，进而调动师生参与社区服务的积极性。“青学社工”项目在开展社会实践过程中，强调开展合作教育的重要性，通过专业教育、培训和指导，引导高校大学生联结社会资源，通过合作方式进行，实现资源共享，使得社会工作专业学生的课堂理论和技巧在实践中得以运用和提升，所服务的社区和居民拥有更专业的社会服务。

三是结合资源特征实现资源配置。“青学社工”项目随着社会服务的深入推进，逐渐形成了一套资源配置模式。在项目开展初期，师生团队对接学校团委、宣传部、组织部、二级学院等，联动多方力量和资源。在项目开展中期，师生团队走访街道、社区、居民家庭，实地调研资源状况和服务需求，并合理配置社区工作人员、居民、志愿者等人力资源，进而有组织、计划来利用资源，开展社区社会实践服务。在项目开展后期，师生团队对资源配置情况进行评估，确保资源效率最大化。

(四)“青学社工”项目的协同人才培养模式

“青学社工”项目的协同人才培养模式由着力实施实践育人协同培养模式、建立四元主体协同实践育人模式、优化课程设计创新教学实践模式和以专业为导向创新协同育人机制构成。

一是着力实施实践育人协同培养模式。“青学社工”校地协同育人模式，“校地”即“学校+政府+社会”三方联动的实践育人模式，紧紧围绕立德树人的根本任务，构建党委统筹部署、政府扎实推广、社会广泛参与、学校着力实施的实践育人协同体系，形成多元协同育人模式，增强多元主体协同育人能力。

二是建立四元主体协同实践育人模式。项目坚持课堂与实践相结合，基于“课程+实践”的专业育人模式，推进以学校、地方、老师、学生“四元主体”的多元协同育人体系，建立“校地+项目”的专业协同实践育人模式。项目的育人体系和模式先在柳州市柳南区河西街道、城中区潭中街道、柳北区雀山街道等社区进行实践，并通过 1～2 年的实践—总结—实践后，形成一套更加成熟稳定的育人模式，然后逐渐推广至全柳州市街道社区，辐射其他乡镇农村，以及区内外其他高校。

三是优化课程设计创新教学实践模式。通过优化课程化设计，精心策划项目并组织实施，将课堂教学转移到实践教学，充分发挥实践教学在培养学生独立自主能力、分析研究问题能力和解决问题能力等方面的积极作用，凸显实践教育成效，形成成熟的实践育人模式和较强的品牌影响力。同时，紧紧围绕立德树人的根本任务，培养出有理想、有本领、有担当的中国特色社会主义建设者和接班人，以此为目标和基准，遵循思想政治教育规律，遵循教书育人规律，结合学生成长规律，按照课程化要求精心设计项目并组织实施，制定具体的实践目标、教学方案和评价体系，形成一套成熟有效的实践教学模式。

四是以专业为导向创新协同育人机制。在项目运作过程中，一方面，加深合作，拓宽育人实践基地，并且在组织管理、联动对接、基地建设、项目平台、人才培养等方面建立优势互补、互利共赢的实践育人机制和载体；另一方面，统筹安排专业课实践教学，以社会工作专业为主导，多专业协同参与，促进有机融合、同向同行，形成实践育人统筹推进工作格局，达成同向同行、合力共赢的育人效果。

（五）"青学社工"项目的服务宣传推广模式

"青学社工"项目的服务宣传推广模式包括打造良好服务形象、规范项目宣传效果和建立宣传推广机制三方面内容。

一是打造良好服务形象。引导高校大学生积极参与"青学社工"项目实践，在为民办实事的社会实践中将"立德树人"的育人理念和"助人自助"的专业价值植入大学生服务过程，在大学生参与社会实践服务中无形地将高校大学生的教育理念和专业价值传播给当地人民群众，从而打造良好的大学生服务形象，在无形地宣传了专业价值的同时，有效地提高人们对专业服务的认同度，提升社工品牌在基层落地生根，实现高校育人与社会需求相结合的目的。

二是规范项目宣传效果。为规范“青学社工”项目大学生实践和服务内容，确保社会实践和服务内容的真实性、时效性，项目团队整合学校师资和校外资源，加强对宣传内容的审查，确保服务内容的真实性、时效性和客观性。同时，“青学社工”项目团队以党建为引领，进一步完善项目宣传内容，提高项目宣传质量。在宣传过程中，既要突出教育成效，又要取得较大社会效益，因而，在实践中形成了一套成熟的影响较大的品牌。

三是建立宣传推广机制。建立宣传推广机制是一项重要的工作模式，需要结合广西科技大学社会工作专业学生的实践特点与校园文化，坚持立德树人的根本导向，将项目实施过程中取得的活动成果不断引向深入，宣传“青学社工”项目在育人过程中的积极作用，加强宣传和推广，不断巩固和发展项目成果，着力培育担当民族复兴大任的时代新人。充分发挥报刊、电视、网站、微信、微博等新闻媒体平台作用，加强宣传报道，强化引领导向，弘扬主旋律，传递正能量，在全社会营造浓厚的氛围。

三、“青学社工”项目主要创新举措

为扎实推动“青学社工”项目的有效运行，学校主要从优化项目运行机制、创新协同育人模式、推广“青学社区”项目等方面进行创新。

（一）以师生需求为导向，优化项目运行机制

首先，优化项目运行机制必须以师生需求为导向，需要以先进思想为指导，充分调动社区单位人员和专业教师的积极性，结合师生现实需求，突破现有运作模式，将“青学社工”项目实行市场化、社会化运作，以解决项目运行过程中师生需求与供给的不对称问题。

其次，坚持以习近平新时代中国特色社会主义思想和专业利他主义理念为指导，强化实践育人目标，体现师生成长发展需求。一是充分调动社区人员和专业教师积极性，激活不同主体的育人活力。以社区为单位，调研工作聚焦重点任务、重

点群体、重点领域，破解工作中存在的不平衡不充分问题。二是基于现有的运作模式，将青学社工实践团队注册为校级社团社工组织，"青学社工"项目完全社会化，以政府全购买社会服务方式，获得可持续的资金支持。三是充分利用校内外新媒体矩阵，加大典型案例宣传力度，扩大项目品牌的影响力和知名度。

（二）以资源整合为契机，创新协同育人模式

依托学校"校市相融，校企合作"的办学特色，创新"校地+专业"协同实践育人模式，提高社工专业和特色优势专业学生参与面的广度、深度，使师生在项目实施过程中获得更好的教育效果。一是项目团队充分整合资源，利用学校和政府搭建的平台解决协同育人过程中学生专业学习遇到的难题，务实有效地开展社区服务。二是针对具体问题，及时解决师生的思想问题，加强师生互动，促进师生关系和谐，增强项目育人文化氛围，围绕立德树人的育人导向构建一体化育人体系。三是社区服务活动的设计突出思想内涵和专业特色，贴近师生的实际能力，实现双向受益。四是项目运营结合社会实践和志愿服务理念，建立各方联动对接、优势互补、互利共赢的实践育人机制和载体。

（三）以成果应用为核心，推广"青学社工"项目

"青学社工"项目以成果应用为核心，从成果汇编、固化成果、交流心得、宣传推广、社团运作方面来推广和宣传。

一是成果汇编。及时总结社区经验，把调研的成果汇编出版，实现实践—理论—实践的循环提升，较好发挥"传帮带"作用。二是固化成果。坚持活动留痕理念，及时拍摄一些重点活动或富有思想性内容的视频资料，分类整理，以音像出版的方式固化成果。三是交流心得。所有参与"青学社工"项目的师生和社区员工，必须分享自己参与过程中的心得体会，通过举办主题沙龙等形式，达到学习交流效果。四是宣传推广。运用现代多媒体技术，结合各大媒体平台，如抖音、快手、微信、QQ、网络等平台，加强宣传，实现"青学社工"项目的应用和推广。五是社团运作。成立校级青学社工社团，以青学社工项目逐步实现政府全购买社会服务方式推广"青学社工"社会化。

四、“青学社工”项目的特色品牌

“青学社工”项目的特色品牌主要从建立“党建+青学社工”服务模式、突出“社工+志愿服务”专业特色、打造“多元协同+”实践育人平台、构建学科交叉一体化育人体系四个方面进行特色品牌打造。

（一）建立“党建+青学社工”服务模式

“青学社工”项目实施以来，依托学校“校市相融，校企合作”的鲜明办学特色，坚持以习近平新时代中国特色社会主义思想为指导，以党建为引领，结合地方政府尤其是街道、社区服务和大学生专业社会实践培育的需求，通过“政府+学校+社会”三位联动，有效整合校内外资源，积极探索“党建+青学社工”服务模式。“青学社工”项目将党建贯彻到社工人才培养、社区建设、志愿服务等活动中，促进党的工作在校地人才培养等领域的覆盖，通过培育一批社会工作专业人才，孵化一批社区社会组织，进而推动新时代社会文明实践的发展。项目基于“青学社工”平台，开展实践教学，让学生深入某一社区，通过观察、访谈、勘测、居住体验等方式来获取第一手研究资料，形成调研报告，总结实证的经验，并从中提炼升华，形成自己的科学认知。

图 4－10　2019 年“党建+青学社工”志愿服务活动

图 4－11　“青学社工”参与社区开展党日活动

（二）突出“社工+志愿服务”专业特色

“青学社工”项目基于社会工作专业实践性，通过构建“三个结合”的实践育人模式，进一步丰富“社工+志愿服务”服务模式。一是坚持基层组织服务与专业教育相结合，派驻社会工作专业学生协同大学生志愿者进驻街道、社区等基层组织，开展需求评估，运用个案服务、小组活动、社区工作等服务活动，帮助社区解决存在的社会问题。二是坚持社会角色与社区定位相结合，让参与到“青学社工”项目的社会工作专业学生和大学生志愿者在社会实践中适应基层社区的行为规范，承担起“服务提供者”“支持者”“使能者”“倡导者”等基层组织所期待的社会角色。三是坚持专业服务与志愿服务相结合，在实践育人过程中，既坚守专业精神，努力链接各种资源关心帮助弱势群体，同时积极倡导志愿精神，扩大当地群众的参与度和支持度，提升凝聚力和影响力，发挥自治功能。在“社工+志愿服务”服务框架下，积极探索高校大学生社会实践和志愿服务的长效服务新模式，提升多学科多专业协调实践育人的质量和效果，培养担当民族复兴大任的时代新人。

图 4 - 12　“青学社工”
推普助力乡村振兴项目

图 4 - 13　“青学社工”
参与潭头乡梨园开园活动

（三）打造“多元协同+”实践育人平台

“青学社工”项目在校地共建合作的基础上，打造“多元协同+”实践育人平台。一是采用“请进来，走出去”的办法，引导学生与学校、地方、企事业单位和社会团体等实践主体展开平台对接，建立社会资源、校内资源、专业教育和实践教育等多元要素协同推进的实践育人平台。二是建立“基地+项目”的多专业协同实践育人模式，推进以学校、地方和老师、学生“四元主体”的多元协同育人体系，优化人才培养模式。三是加强校地、校企、校际、校内的协同合作，以项目介入和基地平台建设为载体，打造“1+1>2”的模式，有机整合了校内外各种资源，培养实践型应用型人才。四是构建多元协同的“课程+实践”的专业育人体系。在课程育人方面，鼓励应用“对分课堂”理念，坚持课堂与实践相结合，安排不少于32个学时的社会调查，使学生能实际应用所学到的理论和方法。

图4－14　三门江社区
暑期青少年服务项目

图4－15　康顺社区
八一爱国主义教育

（四）构建多学科交叉一体化的育人体系

“青学社工”项目结合学校、学院学科特色，构建多学科协同支撑的专业协调实践育人体系。一是打破现有学科、院系的屏障，建设社会工作专业学科群，形成由社会工作作为带头学科，依托思想政治教育学、社会学、教育学、心理学、管理学等支撑学科和相关学科构成的学科体系。二是促进学科间的相互交叉、融合与渗透，形成学科间互联互补、共生共荣的机制，实现学科发展的综合效应、交叉效应和横向效应，促进教育要素在校内有效配置。三是进一步明晰社会工作人才核心要求，依据核心要求细化的专业实践目标，力求推进交叉学科整合，构建一体式模块化课程专业实践育人体系。四是以实践育人体系支撑科学研究的成果体系，以实践成果反哺专业、科研反哺教学的协同方式实现社会工作协同育人的特色，突出实践性、应用性和有效性。

图 4－16　和平社区 mini 奥运会

图 4－17　2018 西雅社区实践场景

五、"青学社工"项目的服务成效

"青学社工"项目经过多年的实践，取得了一系列服务成效，深受广大师生的好评。项目取得的服务成效主要包括以下几个方面的内容。

（一）项目满意度进一步提高

自 2015 年实施以来，团队成员在参与项目实践过程中，学校（教师）指导、政府（街道办）支撑、社会（社区）协助，成员真正实现了在实践中增知识、受教育、长才干。在每年的项目总结会以及社会实践总结报告和心得体会中，绝大部分师生表示，项目坚持理论教育与实践养成相结合的理念，实现课堂教授的理论知识成功转化为实践输出，使得所学知识真正内化于心、外化于行，达到知行合一，在实践中达成增知识、长才干、受教育的目的。团队成员在参与项目实践中极大地促进自身的专业理论知识、社会实践能力、组织协调能力、活动策划能力等全方位素质能力的提升，项目实施初步构建出全员、全过程、全方位"三全"育人的工作格局。同时，项目充分体现"校地+专业"协同创新特色，"学校+政府+社会”三方协同推进育人体系建设，协同育人问题得以落地实践。

（二）社会参与度进一步提高

项目构建多学科多专业协同的实践育人体系，形成由社会工作作为带头学科，依托思想政治教育学、社会学、教育学、心理学、管理学等支撑学科和相关学科构成的学科体系，以社会工作专业为主，覆盖社会工作专业的所有学生，辐射全校其他专业，涵盖社会工作、医疗护理、电器维修、IT 服务等主题项目特色活动。项目以其专业性、思想性、价值性屡获全国、全区社会实践重点扶持项目，受到中国文明网、柳州文明网、《广西日报》《南国今报》《柳州晚报》、柳州广播电视台等知名媒体和网站的多次报道和转载，社会反响良好。“青学社工”项目成为社会实践明星项目，得到社区居民广泛认同和参与，师生知晓率、参与率高。

（三）专业化实践进一步提升

项目依托社工等专业优势，与柳州市柳南区河西街道办、城中区潭中街道办等成功对接，形成“学校+政府+社会”的协同育人效应，理想信念、社会主义核心价值观、校园文化等内容有效融入项目实践，进一步培养学生的爱国情怀、法治意识、社会责任与奉献精神，使“青学社工”项目成为传播正能量的园地。一方面，教师通过参与项目进一步增强理论教学的针对性和说服力，有效解决教师实务经验不足、专业课程理论刻板、专业理论和实务脱节等问题，极大促进教学质量的提高。另一方面，学生通过参与项目实践，成功体验理论教育与实践养成相结合，在实践中受教育、长才干、做贡献，获得真正能够配合课堂理论学习的各种实践体验，做到知行合一，在亲身实践中锤炼成长为有理想、有本领、有担当的新时代青年。

（四）专业第二课堂的课程思政得到推进

习近平总书记在全国思想政治工作会议上强调，要教育引导学生四个“正确认识”，即如何正确认识世界和中国发展大势、如何正确认识中国特色和国际比较、如何正确认识时代责任与历史使命、如何正确认识远大抱负和脚踏实地，以及为何要坚定"四个意识"、树立"四个自信"。在"青学社工"项目开展过程中，学校注重从以下两个方面解决问题：一是师生专业认同得到及时解决。教师就着具体社区问题去引导，学生结合具体问题去思考，使得思想政治教育与专业教育有机结合，使得学生在专业实践中增强对中国的国情、对专业的认知、对时代的责任。二是师生具体问题得到及时解决。习近平总书记在全国思想政治工作会议上指出，思想政治工作要遵循思想政治教育规律，思想政治教育规律中最重要的一条是社会存在决定社会意识原理，即深刻阐述清楚社会存在，就能有效影响学生的思想意识。项目实施能很好地积累真实的案例实例，为教师的教学和学生的学习提供强有力的坚实支撑。专业第二课堂实践教学可以让学生切实感受真实的实践场景，发挥入脑入心的功效，极大坚定为人民服务实现民族伟大复兴的理想信念，坚定中国特色社会主义道路自信、理论自信、制度自信、文化自信。

六、"青学社工"项目的应用推广价值

（一）项目品牌成果传播广

一是正式出版著作：《水滴的力量——"河西社工"大学生志愿服务的研究与实践》；二是连续7年制作光盘：《广西科技大学"青学社工"大学生暑期"三下乡"社会实践纪实》；三是调查报告和成果心得体会：师生共撰写研究报告30多篇、心得体会100多篇、社会主义核心价值观调研专题报告5篇，公开发表论文5篇，总计50多万字；四是专题新闻报道：校内外媒体专题报道《广西科大打造河西社工"1+N"新常态》（广西新闻网）、中央电视台（CCTV1）在两会特别节目中报道我校社会工作毕业生开展社会服务事迹等60多篇，形成较大品牌影响。

（二）典型经验做法可复制

第一，专业学习典型做法：依托大学生自身学科专业知识，服务社区达到"助人自助"的目的，同时反哺专业理论学习，提升自身的专业能力，实现双向受益，学生表现优秀并深受教育，取得较大社会效益。第二，项目运行典型做

法：项目运作纳入党委统筹部署社会实践工作中，由校党委组织部、校团委、社科学院联动对接政府，建立稳定的社会实践基地，利用校地资源优势互补建立有效的实践育人机制。第三，“六个有”安保典型做法：项目实践做到“六个有”，即有签订安全承诺书、有购买人身意外险、有专业指导老师带队、有专题项目安全培训、有具体的项目方案、有活动期间每天安全报告；按照课程化要求精心设计并组织实施，有具体的实践目标、教学方案和评价手段，实践过程有条不紊，组织管理到位，无安全事故。第四，项目经费典型做法：项目创新“半志愿+政府购买”服务方式以筹措经费，保障项目日常支出。

（三）育人培养模式可推广

一是依托学校“校市相融，校企合作”的办学特色，创新形成一套成熟的“校地+专业”协同实践育人模式；二是构建党委统筹部署、政府扎实推动、社会广泛参与、高校着力实施的实践育人协同体系；三是校内各专业有机融合、同向同行，形成实践育人统筹推进工作格局；四是按需设项、合理组建团队，建立完善的项目化运行机制，体现出良好的精神风貌和团结协作精神；五是采取“三位一体”协同推进，即学校党委把该项目纳入社会实践项目，学院结合专业建设打造品牌项目，政府作为强化社区治理能力建设项目。

参考文献

[1] 周远，牧士钦．新时代高校实践育人精准化理念与模式探析［J］．江苏高教，2021（10）：104-108.

[2] 刘宏达，许亨洪．我国高校实践育人共同体建设的内涵、问题及对策研究［J］．华中师范大学学报（人文社会科学版），2016，55（5）：170-176.

第三篇

“青学社工”大学生社会实践基地项目的实践成果

第五章　岭上人家：社会变迁中瑶族村落的生计与环境

随着城镇化的发展，世居山区的瑶族村落的岭上人家也无法避免社会的旋风席卷。村落的主要劳动力涌入进城务工的浪潮中，村落呈现出“变中不变，变中求变”共存的现状，引人注目。本章以瑶族村落为研究对象，运用人类学理论，结合田野调查法、访谈法和文献法就瑶族村落的生计与环境的“变与不变”展开深入研究，探究两者的关系，探讨社会变迁下民族小村落的命运问题。经研究，得出如下结论：首先，岭上人家的生计与环境关系十分亲密，环境培育瑶民独特的生存智慧，人们顺应自然而生产，构建了独特的旱作与稻作相结合的农耕文化。其次，随着社会的变迁，瑶族社会的生计与环境发生“共变”。再次，本土积累的生计文化底蕴至今仍影响瑶民的生活，这种生计文化起着维持瑶族社会人际关系和基本生活秩序的作用。

一、引言

首先，随着城镇化步步推进，社会流动愈加剧烈，农村劳动力向城市流动的趋势无可逆转。据国家统计局 2017 年数据[①]显示，2016 年全国农民工总量为

① 国家统计局 . 2016 年国民经济实现“十三五”良好开局［EB/OL］. http：//www. stats. gov. cn/tjsj/zxfb/201701/t20170120_ 1455942. html. 2017/1.

28171 万人，比上年增长 1.5%，其中，外出农民工 16934 万人，增长 0.3%；本地农民工 11237 万人，增长 3.4%（国家统计局，2016）。瑶族村落岭上人家的外出劳动力也在外出农民工的行伍中。其次，随着村落的变迁，瑶族村落的生产生活也发生了重大变化。2016 年，岭上人家全部搬迁山外，山中村落几乎变成了“荒村”，人烟稀薄。村中留守劳动力还在山中弄场耕种玉米，农忙时期瑶民会在山中老家生活几天。经深入调查发现，村落呈现“在变中坚守不变，在变中谋求改变”共存的现状。基于对瑶族村落的变化深感兴趣，故决定以“社会变迁中瑶族村落的生计与环境”为题，运用人类学的理论与方法，深入探究这一复杂又特殊的社会问题。

（一）研究目的及意义

本章通过对瑶族村落岭上人家的实地调查，从人类学的视角探讨社会变迁过程中瑶族村落的生计与环境问题。首先，从历史的进程梳理瑶族村落环境的变化，包括自然环境与社会环境。其次，通过分析生计环境的演变和山区生计的变迁等探究岭上人家生计与环境的关系。再次，通过探究瑶族村落生计与环境的关系，了解社会变迁对岭上人家的影响，挖掘社会问题，试图引起社会关注。

社会问题的解决，关键在于剖析问题的根源所在，方能对症下药。社会变迁剧烈的今天，社会工作面临更加具体且复杂的社会问题，这要求社会工作须汲取其他专业理论，同时创造切合自身需求的理论以丰富自身理论基础。中国拥有“五十六枝花”，多民族组成的国家更需要民族社会工作。本书着眼当前社会事实现象，结合人类学理论方法，通过田野调查，理解社会现象深层含义，探究社会变迁中瑶族村落的生计与环境问题，从理论上为社会工作本土化及民族化献一份绵薄之力。随着现代化和城镇化步伐的加快，生活在西部山区的瑶族人民，在社会大环境变迁中，其生计与环境都受到极大的冲击，导致瑶民的生产生活发生了巨大变化。本章通过对岭上人家的生计与环境进行探索性的研究，理解岭上人家“变与不变”的深层含义，引导社会聚焦，关注民族小村落社会问题。

（二）研究理论及方法

人类活动背后的象征意义或者说行为动机则是人类学关注的领域，环境人类学关注人的观念体系和历史文化（国家统计局，2016）。全京秀把生态失衡和人类群体行为联系起来，引进“共同体文化”，强调文化的社群属性。环境决定论者和环境可能论者都十分重视环境与文化的紧密关系。环境决定论认为，特殊的地理环境决定文化的特殊性。

本章本着尊重社会事实的原则，运用田野调查法、深度访谈法和文献法详细收集与岭上人家生计及环境的相关一手资料，为深入理解和探析岭上人家的生计与环境关系问题铺下良好的基础。

二、文献综述

生计与环境的问题归根结底是人与环境的互动关系问题。从“谋生存”到“求发展”，人类无时无刻不在与环境发生互动。人类学家认为，环境与人类的关系即文化属性（牟桃，2013）。20 世纪 80 年代后产生的环境人类学，延续并发展了人类学的理论与知识，继续关注人类行为与环境的互动，且这里的环境不仅仅局限于自然环境，而是包括社会、文化、知识等。

（一）国外关于人、生计文化和环境关系的研究

英戈尔德（Tim Ingold）意图表明，文化并非无源之水、无本之木，文化也来自自然（正像自然来自文化一样）。文化与自然，并不是界限分明、截然分开的两个世界，而是同一世界的不同组成部分，它们双方是互相向对方敞开，互相深入和渗透，从而融为一体的（张雯，2010）。据此，人类在参与自然环境的改造过程中，融于自然，同时也形成了独特的生计文化。关于人类、环境与文化的研究，朱利按·斯图尔德（Julian Steward）于20 世纪30 年代提出了“文化生态学式方法论”，他基于博厄斯（Franz Boas）的历史特殊论和克娄伯的文化类型论，以文化内核和次要文化为社会的构成要素，衡量社会的整体水平。他相信文化的某些特定领域与环境有密切关系。文化生态学认为，具体人群仅是特定生态

系统中具有活力的构成因素。环境决定论者认为，气候或者地理环境因素是决定文化特殊的因素。其代表人物孟德斯鸠（Charles de Secondat，Baron de Montesquieu）指出“雅典的不毛之地孕育了民主政治，而斯巴达的沃土萌生了贵族政治”。环境可能论者则把环境视为一个限制性因素。新功能论者将人类与环境并存的聚合视为一个整体系统进行研究，该理论的核心在于强化对以往生态系统与构成整体的因素之间的纯功能分析。生态过程论者要求通过生态位分析和生态位替换去解释文化，将人或者文化本身纳入时间概念中研究。而民俗生态学家则力图在特定环境中将文化从行为中剥离出来，使文化成为更具自主性的部分，他们非常重视生态人类学，因为人类学方法竭尽全力关注正在生活中的人们的行为。环境人类学学者全京秀认为，只有彻底摆脱人类与环境“二元论”和人类中心主义所形成的人与自然观，才可以使得人与社会获得和谐发展（全京秀，2014）。关于人类的生计策略，Yilebes Addisu 在其《埃塞俄比亚西部牧区的生计战略和多样性》研究中，说明了埃塞俄比亚西部的生计战略及其多样化水平，大多数家庭采取不止一个战略以维持家庭生计（Yilebes Addisu，2017）。R. Y. M. Kangalawe 和 J. G. Lyimo 对坦桑尼亚的人口、农村生活与环境退化之间的联系进行研究，说明了人口增长与环境退化密切相关，且增加对农村生计的自然资源依赖，农业部门的生存性质和农村地区经济机会有限，是导致农村和农村和城乡移民寻求更好生计机会的因素之一（R. Y. M. Kangalawe，J. G. Lyimo，2010）。

（二）国内关于人、生计文化和环境关系的研究

从 20 世纪 80 年代开始，我国农村地区的生计有一个很大的转变，驱动土地利用和土地覆被发生变化（Yang Xuecheng，Zhao Ruiying，1998）。我国环境人类学的努力始于 1998 年那场大洪水之后。在此之前，引进生态人类学，是一种学术自觉，伴随着人类学的学科恢复与重建而发展的（牟桃，2013）。本章基于研究内容从宏观视角、不同生计模式或多元环境、社会变迁视角和农作物变迁等四个方面进行综述。

宏观视角研究。最先取得研究成果的云南大学尹绍亭教授，先后编著了三本

关于云南少数民族传统生计方式的书籍：《一个充满争议的文化生态体系——云南刀耕火种研究》《森林孕育的农耕文化——云南刀耕火种志》和《人与森林——生态人类学视野中的刀耕火种》。这些专著有着宏观的视角，研究的内容涉面较广且研究对象多为区域范围内的单一民族的多个支系或同一区域内的多个少数民族。他指出，生计方式是对生态系统的适应，刀耕火种是一种适应特定生态环境的生计方式，是山地民族的生存行为，而不是一种破坏生态的掠夺式的耕作方式（苏银兰，2012）。

不同生计模式或多元环境的研究。如中山大学何国强教授著《围屋里的宗族社会——广东客家族群生计模式研究》，张晓琼（2003）的《变迁与发展——云南布朗山布朗族社会研究》，吕俊彪（2003）的《“靠海吃海”生计内涵的演变——广西京族人生计方式的变迁》，谭淑豪，马宗保、马清虎的《试论西北少数民族传统生计方式中的生态智慧》，罗康智、罗康隆（2010）的《传统文化中的生计策略——以侗族为例案》等。以上研究均是从不同生计模式或多元环境的视角对不同区域的生计与环境问题进行研究。

社会变迁视角研究。如徐杰舜和罗树杰（2003）的《靠山吃山，靠水吃水——船家与山地汉生存策略比较研究》，从社会历史变迁中探究了船家和山地汉靠水吃水、靠山吃山的生计模式，并对两者的生存策略进行比较研究，说明生计方式受环境与文化的不同影响。此外，还有秦红增（2008）的《瑶族村寨的生计转型与文化变迁》，罗柳宁（2004）的《生态环境变迁与文化调适：以广西矮山村壮族为例》，罗康隆（2004）的《论民族生计方式与生存环境的关系》，杨晓冰（2006）的《环境变迁与生计方式的调适——曼暖远克木人的刀耕火种文化》等，均是从社会变迁的角度，讨论“人类生产行为与大环境”的相互作用，文化在社会变迁中进行调适。

农作物变迁研究。如秦红增、唐剑玲（2006）在《定居与流动：布努瑶作物、生计与文化的共变》中，分析了自20世纪80年代以来，布努瑶族从以玉米种植为主的生计方式转向新型的养殖业与经济种植业，引起了其文化特质由定居转向流动的过程，说明了作物、生计与文化的共变规则（韦月成，2008）。在《水族传统生计方式及其变迁》研究中，论证了在传统水族社会，生态和文化等因素共同作用了水稻种植为主的生计方式（蒙爱军，2008）。

综上所述，国外学者主要在理论方面对人类与环境或者人类活动与环境的研究做了巨大贡献，既尊重环境属性，又充分考虑到人的能动性，从生态学、人类学等方面对人类行为与环境进行深入研究，关注文化的作用；我国学者则是从宏观视角、不同生计模式或多元环境及农作物变迁等角度，对本土的生计与环境进行深入研究。然而，对于特殊历史阶段尤其是社会变迁加剧的今天，对民族村落的生计方式或生存策略与环境关系研究相对缺乏，尤其是缺乏对民族村落当下问题的研究。因此，本研究依托瑶族村落环境进行个案研究，引入文化概念探究瑶族村落的生计与环境两者之间的关系。

三、瑶族村落

本章所研究的瑶族村落——龙排①，位于广西河池市大化瑶族自治县西南部。瑶族人民生活的区域属于典型的喀斯特地貌，山连着山，形成深浅不一的洼地弄场②。大化县地处南亚热带季风气候区北缘，气候温和，雨热同季。年平均气温为18.2℃～21.7℃，年降雨量为1249～1673mm（大化瑶族自治县人民政府，2014）③。位于大化县大石山区中的瑶族村落年均气温较大化低，日光照时较短，降水量较少。

（一）瑶族社会的历史变迁

为了便于研究瑶族村落岭上人家的问题，本研究根据田野调查收集的一手资料，在尊重社会事实的基础上，以瑶族社会变迁的重要时间点为节点，划分山区瑶族社会的发展时期，深入探究瑶族社会的历史变迁。

---

① 龙排，以前也叫弄排或陇排。

② 山与山围成的低谷地带，当地人们称之为弄场或者垌场。

③ 大化瑶族自治县人民政府．大化概况［EB/OL］．http：//www.gxdh.gov.cn/html/dhgk/.2014/8.

瑶族村落社会变迁，见表5－1所列。

表5－1 瑶族村落社会变迁

时间节点	进山期	山中游耕期	1992年以前	1992年	2005年	2013年	2016年
时期划分	进山期	山中游耕期（迁移龙水至“霍乱”病时期）	相对固定期（从龙水迁回龙排至2013年）	库区移民期（相对固定期中的特殊时期）	劳动力外流期（2005年至今）	自发搬迁期（2013年至今）	多元共存期（2016年至今）
瑶族社会特征	“远方”迁徙而来，深扎山区	购买土地，子孙随地生活	定居龙排，以龙排为中心，周围为耕作区；致力于开辟和建设耕作区	大化水电站建设，水位上升，水田被淹，9户瑶民因祸得福，迁移到县城附近的安置点	2005年瑶族村落劳动力进城务工，外流趋势更旺	龙排瑶民搬离龙排，到山外、水田上建新房	组建新社区；盘山公路开通；劳动力外出；留守等社会问题增多

进山期：据老人所述，岭上人家生活最久的村落叫龙排。相传，山区里的瑶族先祖是从“远方”迁徙到这大石山丛中的。据隔壁村落龙那的蓝某秀先生回溯，“我们的先祖是从龙慢分流至龙那的，我们的先祖搬来龙那的时候，龙排已经存在了。而我们在龙那生活的历史至今大概已有300年。”照此述，龙排的历史远超过300年。然而关于“远方”迁徙而来的说法，并无记录在案，历史已无稽。山中游耕期：游耕（吴声军、李晓明，2011）的生活方式曾经出现在部分瑶族支系布努瑶的生活中。

“食尽一山，复一山”（明代王临亨），这是古籍对古代瑶民的生产生活记录。基于在龙水弄场走访时发现龙水残存的宅基地和已被岁月掩盖大部分痕迹的垫柱石料，还有一口老井。经打探，龙排的瑶民祖先在山里给子孙购买了土地，往东买到龙水、龙华一带，往南买到龙用一带，龙排居于耕地靠西边，北边到龙下。因山中交通不便，为生活计，族中子弟离开了龙排，到龙水就近经营农务生产。后来因为“霍乱”病传染，无法抑制，加上瑶民深信巫术，误以为是地理风水问题，再度迁回龙排。如今，龙水古井尚在，调查走访时仍见井底冒水，井水入口清爽。由此可见，游耕期瑶民因势利导，开发此井以提供生活水源。

图 5－1　龙水古井遗址

相对固定期：这一时期山区瑶族社会已经受到外界社会力量的影响，最显著的是政治的影响。为谋生计及响应国家号召，瑶族社会掀起了“农业学大寨”的热潮，开垦山地，砌墙保土，造田造地。这时期山弄的大小梁坡都留下了瑶民的镰刀痕迹，耕作区被开垦到了山崖脚下。山区的耕地，尤其是坡面的梯地，正是这时期创造出来的较好的耕作区，这时期开辟的耕作区为瑶民日后的生产生活铺垫了良好的基础。直至今日，这些土地仍然是瑶民的主要耕作区。

库区移民期：1992 年是特殊的一年，这一年山区瑶族社会迎来了外界力量的直接作用。1992 年，龙排有 9 户瑶族人家因其水田在水电站内涝区而获得指标迁入那度移民安置点（韦朝永、蓝瑞轩，2012）。这一时期，大化县拦河建坝，兴建红水河大化水电站，位于水坝上游的河面水位上升，部分田地被淹，瑶族村落也因此多了一个身份“库区”。村落中有 9 户瑶民家庭的水田受淹严重，因祸得福，得以列入搬迁名单，迁移到县城附近的安置点。

劳动力外流期：由于岭上人家与山外有山路相连，山中瑶民经常通过山路到壮族集市赶圩，且瑶民的水田在壮乡，因此瑶民有一部分的生计活动是在壮乡开展的。由此看来，岭上人家虽居于山之孤岛，但却处于一个半封闭半开放的状态。据瑶民留守劳动力所说，他们在 2005 年之前，每逢农忙时节都会到壮族人家帮工或当佣工，一天 10 元工资。因为经常和壮人交流互动，也结识了一些要好的朋友。劳动力外出务工正是在外界壮人的影响下，逐渐发生转移。2005 年左右，瑶民适龄劳动力已经有部分先行者到广东一带务工。随后，亲戚带亲戚，熟人带熟人，更多的劳动力走出了山外。至今，山中大部分的劳动力均进城务工。

自发搬迁期：2013 年起，又是村落大变化的一段时期。由于山区交通不便，生活环境恶劣，这一时期村落开始有几户家庭自发迁移至山外的水田附近（也是壮乡附近）建设新房。刚开始的时候，瑶民还畏惧当地壮人骚扰反对，当得知先搬迁的几户人家并不受壮人反对，于是更多的家庭从山区迁出来。真正推助岭上人家举村迁徙的是：（1）当地政府对后来搬迁家庭在水田上建房的行动并不反对，即默许；（2）政府危房改造政策惠及搬迁家庭，大部分从山区迁移到山外建房的家庭，每户因情况不同，获得一万到三万元不等的经济补贴。

多元共存期：这一时期，瑶族社会面临着社区重组问题，即从山区搬迁至山外的家庭与其他村落的家庭重组，形成新的生活社区。与此同时，劳动力大量外流，瑶族家庭留守问题相对突出。2016 年 10 月左右，政府投资兴建了通往山区的盘山公路，公路一通，瑶民与山区耕作区的交通更加便利。2017 年，更多的瑶民家庭返回山中耕作，把之前闲置的土地利用起来。这一时期，多元状况共存于瑶族社会，瑶族人民面临更大的挑战。

图 5－2　相对固定期瑶民的生活环境——山弄中

图 5－3　搬迁后瑶民的生活环境——山外

(二) 瑶族村落的耕作环境

瑶民在山中共有9个主要的生产弄场，包括龙华、龙水、龙母、龙也、板带、龙下、龙上（龙垦）、龙用和龙坤，还有龙水与龙母之间的流水、果颂、坎拳等小弄场。此外，山里的瑶族人民也分得一些水田，在山外的壮族生活区丹见附近。

各弄场虽大小不一，但弄场中所包含的耕地类型是相似的。由于特殊的地质构造，使得弄场状若碗形，瑶民根据地质情况开垦耕地，山中耕地主要分为两类，一类是弄场的谷底平地，这一类耕地是山里面积最大的耕地；另一类耕地则是山脚至崖底的斜坡山地，这部分耕地的面积大小不一，“锅一块，碗一块的”。

图5-4 砌墙保土工程遗址

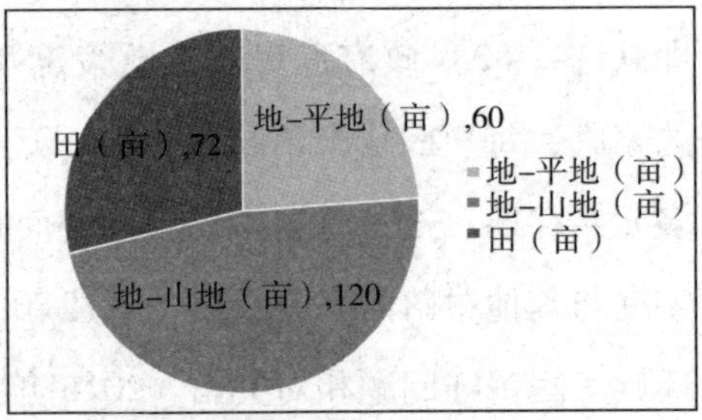

图5-5 瑶族村落耕地类型及面积

自分田分地后，72户家庭每家均有3.5亩土地，其中山中旱地2.5亩、水田1亩。山弄平地和山地统称“地”。村落总的山地面积为120亩，总的平地面积为60亩，水田面积为72亩。其中瑶民的“地”面积占家庭耕地总面积的71.43%，水田面积仅占家庭耕地总面积的28.57%。

(三) 传统农耕

山区瑶族人民非常重视农事耕作时间的安排，因为准时的农耕活动是保障瑶民家庭的生存所在，农耕也是家庭发展的主要行动，耕作时间具体到每个衔接点，如下：

每年农历十二月廿三即俗称小年到正月初十，瑶民欢度春节。农历正月十五左右，各家各户纷纷下地，开始开穴播种。二月上旬，地里玉米青苗一片，第二轮摘苗补苗的工作开始。二月下旬，开始转向山外，择一肥田播种育苗。三月又转回山区，给玉米青苗除草、培土。四月上旬，早稻插秧。一个星期左右完成插秧工作。再转山区，继续给玉米青苗除草、培土。四月下旬，苞谷“出梁”即开花。五月上旬苞谷成熟，这时期需要在山区平地玉米脚下播种黄豆，还要给禾苗耕耘、洒药。五月中旬收玉米。六月初，需要把一小块稻米收割，并为晚稻育苗。六月下旬，收割早稻，晚稻插秧。七月，收黄豆，晒豆，去皮。空闲时，上山打柴，狩猎。八月，采摘蚕豆。九月，晚稻收割。十月，为山区的耕地除草，翻地，收红薯、芋头。十一月，除草，翻地。村中民谚“翻地过冬”。十二月，往山区各个弄场挑农家肥，存放以备开春播种。再到次年的农历十二月廿三到正月初十，欢庆过节之后，又重新开始新一轮的耕作。一年四季，如此循环耕作。

据瑶民所述，从集体小队生产时代到家庭包干时代，都严格按照时间安排劳动，时刻不敢怠慢，日复一日，开垦山地，砌墙保土，完善耕种条件。“那些吃不饱的生活，我们已经过怕了。”“只要我们勤奋，把力气往土地里砸，就不会饿着。”耕种所得的玉米、大米和其他农产品都不能随意支配，就算是基本的生活口粮也要有计划地支出，否则全家人都会陷入青黄不接的日子。凭借着传统的农耕方式和理性支出计划，瑶族人民在山区里过上了安居乐业的生活。

四、岭上人家生计的变迁

（一）劳动力的变迁

劳动力因素直接关系到家庭经济的创造，影响家庭的生计及发展。本研究通过历史追溯和长期的田野调查相互补充，从历史纵向和社会事实横向资料整理，全面把握岭上人家的劳动力变迁。

表5-2 2017年龙排人口分类统计

全村人数	村落人群分类	适龄劳动力人数	外出务工	留守
260	男性 16岁~60岁	87	61	26
	女性 16岁~55岁	76	51	25
	16岁以下（不含16岁）	61	—	—
	其他	36	—	—

经走访统计，截至2017年，所调查的瑶族村落共有72户260人。其中根据我国劳动适龄人口[①]规定，瑶族村落适龄劳动力共163人，其中男性适龄劳动力87人，女性适龄劳动力76人，男性适龄劳动力比女性适龄劳动力多11人；外出务工男性适龄劳动力61人，外出务工女性适龄劳动力51人；留守男性适龄劳动力26人；留守女性适龄劳动力25人。

1. 外出务工劳动力

据山中老人反馈，岭上人家主要经历了几次较大的社会变迁，为了便于研究劳动力随时间的变化情况，根据老人提供的信息，按时间点划分为（见图5-6）：1992年以前、1992年、2005年、2013年和2016年。

如图5-6，主要显示的是5个时间节点，进城务工劳动力的变化情况。从图中可以看出，1992年以前，还未出现进城务工现象；1992年当年开始，有8名男性适龄劳动力开始离开村落，尝试外出谋求工作；而此时，女性没有出现外出谋职现象。2005年，外出务工的男性适龄劳动力达30人，外出务工的女性适龄劳动力10人，女性较男性少20人。到2013年，外出务工的男性适龄劳动力达58人，外出务工的女性适龄劳动力47人。虽然在人数上，女性仍比男性少11人，但是从折线中可以看出，在增速上自2005年至2013年期间，女性适龄劳动力外出务工的增速达到最快，甚至超过了男性的增速，女性不再把自己约束于山

① 过去指15~59岁具有劳动能力的人口，2013年调整为16~60岁（不含60周岁）具有劳动能力的人口。

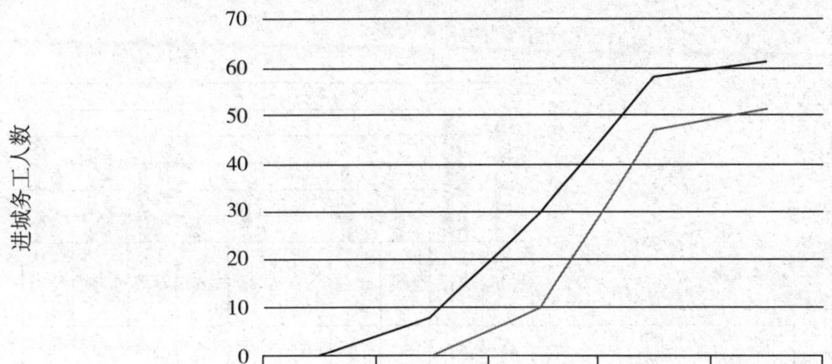

	1992年以前	1992年	2005年	2013年	2016年
男性16岁-60岁	0	8人	30人	58人	61人
女性16岁-55岁	0	0	10人	47人	51人

图 5－6　进城务工劳动力变迁

区村落中。

21 世纪初，第一批劳动力走向了广东工业区。据了解，这批劳动力在工业区工作的内容有所不同，有的是生产线上的包装员工，有是的开“中床”机器的，有的喷粉。综合而言，工作内容难度系数都不是很大，没有太高的文化和技术要求。2005 年后，先行者变成了外出务工的带头人，村落中更多的青壮年劳动力跟随第一批人的脚步进城务工。2016 年，进城务工者的月平均工资达到 2500 元。

2. 留守劳动力

相对于外出务工的劳动力，从表中可知，瑶族村落留守的适龄劳动力共 51 人，其中男性 26 人，女性 25 人。为了满足家庭的需求，留守劳动力在村落中也从事不一样的工作内容。

经统计对比 51 位劳动力在留守情况出现之前和出现之后，他们在村中的工作内容，可以发现，留守群体在还未出现留守情况之前和出现留守之后，都坚持耕田种地，养鸡养家，给壮人当佣工，帮助壮人收玉米或者稻谷。不一样的是，

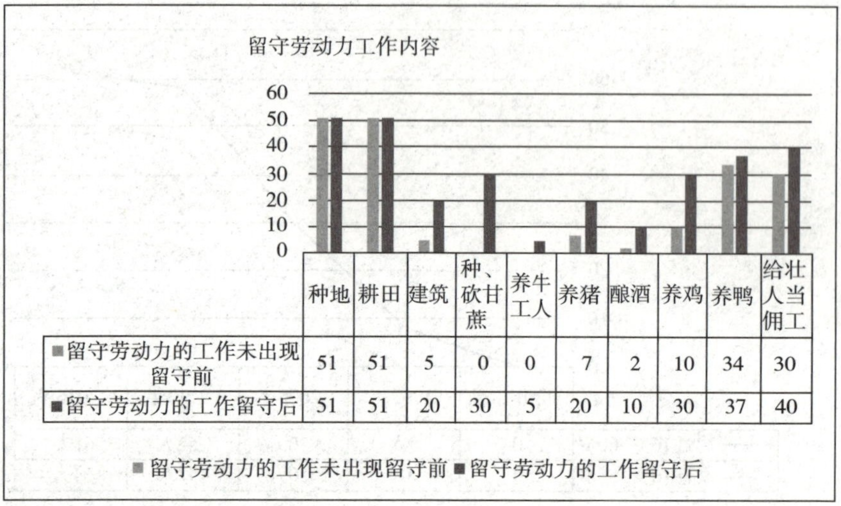

	种地	耕田	建筑	种、砍甘蔗	养牛工人	养猪	酿酒	养鸡	养鸭	给壮人当佣工
■留守劳动力的工作未出现留守前	51	51	5	0	0	7	2	10	34	30
■留守劳动力的工作留守后	51	51	20	30	5	20	10	30	37	40

图 5－7　留守劳动力工作内容

留守现象出现之后，劳动力在本地找到了之前没有的工作内容，如建筑、帮助当地的甘蔗种植户种、砍甘蔗，还有帮助合作社养牛，自家养猪、酿酒等。

（二）农作物耕种的变迁

随着社会的进步，瑶族村落的劳动工具不断更新，化肥和农药不断引进山区，耕种的农作物也不断更替。据瑶民说，以前他们在山弄种地，主要是用草木灰和牲畜的粪尿作为主要肥料，培土耕种。后来，才逐渐从市场中采购碳铵、尿素等化肥，作为农作物施肥的主要肥料。瑶民 LKW（化名）家庭 2012 年时候，采购了 1000 斤的碳铵。此外，瑶民的劳动工具也在更新，从起初的钢铧木架牛犁，到后来的全铁质牛犁，且瑶民家庭铁质钥刮的数量也从最初的一家一两把，到人均一把。在瑶民农户家中，存在瑶民的劳动铁具，其中还有小孩子适用的小型铁锄头。

瑶族村落岭上人家主要种植的农作物有玉米、大米、黄豆、蚕豆、红薯和芋头等。玉米主要经历了：老品种“黄米”、白马牙、白糯米、正大 619 等品种。玉米是耐旱、耐寒较好的品种，俗称苞谷。山中降水量较少，甚至有的年份春旱严重。为了适应山中的环境，瑶民选择了玉米为主要耕种作物。

生产收入，并在相当一段时间内流行，直到今天，这种方式依然存在，只是租种的面积减少了。其原因是，近年壮乡的土地被种植大户以400元/亩～550元/亩的价格承包，进行规模化种植，如清坡韦氏承包的100亩丘陵地用于种植冬瓜。2013年以后，外出务工成为风尚。瑶族村落80%以上的劳动力转移城市务工，仅有相当小部分的劳动力留守村落。这段时期，玉米种植面积较1992年之前，减少了近一半，仅有100亩左右的耕地有农户耕作，且耕作区均是山弄谷底平地。水稻种植也仅有50亩左右；仅有个别家庭种植黄豆，种植面积在25亩左右；红薯和芋头仅有个别家庭在附近的平地种植，以备一些存量，什么时候想吃就煮。蚕豆已无人播种。租用壮人土地耕种面积较前期扩大，且这时期瑶民把一些水田改为玉米地，耕种玉米。在与居民共同生活中得知，水田种植水稻，每一季稻需要加肥多次，至少三次，且每季稻须根据禾苗长势洒药三到四次。因水田多年使用化肥和农药，对耕地伤害极大，水稻护理工作更难。因此，瑶民在水田上改种玉米。

（三）农产品用途的变迁

1. 消费

自我消费是农产品的主要用途之一，即口粮。通过一年的紧张耕作，瑶民迎来了丰收，从田地里收回苞米，手工剥离玉米粒，然后借助天然光照，晒干玉米，封存以保障生计安全。密封好的储粮，一年或者两年后再取出食用，质量仍不变。但在以前，一家人一年的耕作所得，一般只能维持一个周期的生活，即第二年的丰收季节到时，第一年的储粮也基本食用完了。瑶民家庭中至今依然保存着存粮的木缸、水泥缸和铁皮粮仓。据调研得知，村落中所有家庭或多或少都有一些这类的器物，尤其在留守劳动力的家中，这些器物更显得干净光亮。这些粮仓就是瑶民的镇宅之宝，只要粮仓满满，瑶民就感觉生计无忧、生活安全。在1992年至2005年期间，瑶族村落劳动力主要定居于龙排时，这些器物被大量采购，如铁皮粮仓。为了拥有这一器物，瑶民甚至不惜辛苦，翻山越岭到更远的集市采购。相对于过去，现在这些粮仓也用于储物。劳动力外出的瑶民家庭中，粮仓多是空的、闲置的，仅有个别的粮仓是家庭老人用于储存少数粮食。研究发现，这些原本的粮仓主要用于储存米粉、玉米面粉、加工过的大米，还有少量的豆类和薯类。因为劳动力外出，老人在家耕作，由于劳动力有限，老人一般在房子附近的水田上耕作，或耕作一些山区平地，种的少，收获也比较少。据老人所述，他们之所以还坚持耕作一些玉米，是觉得自己闲不下来。瑶族老人说，种地是他们的分内事，种一些玉米，也可以减少子女的经济压力，养活自己。在留守劳动力家中，基本上粮仓都是满的，通过了解得知，农户觉得自己种植粮食，既能保障自家的口粮问题，也能顺便饲养一些牲畜。农户觉得选择自己耕种这一行动，自己创造粮食自己支出，生活过得更加心安理得。老是在集市上买米过日子，农户觉得心慌，感觉市场交易不实惠，不习惯采购粮食过生活。自己拥有储粮，才能感觉到生活有保障。自家有米，不愁口粮，瑶民还可以自主支配粮食的用途，如养一些鸡鸭，逢年过节便不用出钱采购。也有农户会把粮食酿成米酒，可供自家待客，多余的还可以出售给村里其他人。遇到需要现金的状况时，如探望生病的亲戚需要支出一些人情费时，瑶民会把粮食卖给收购商，把粮食变现，再去探望病人。从多年的生活观察，这样的情况非常普遍。按照目前当地的收购价，一斤玉米 0.9 元，一斤大米 2 元，一年一户两个留守劳动力的耕作所得 3000 斤 ~4000 斤玉米、1000 斤大米。把一对留守夫妻一年的耕作所得折算成人民币，则一年的收成在 4700 元到 5600 元之间。如果按照市场经济的算法，一对留守夫妻的生存策略选择，明显不太合理，效益太低。但是瑶民却不这么认为，农户觉得他自己拥有粮食的支配权才是最重要的。

2. 交易

在瑶族村落，瑶民生活在一个由私人关系构成的淳朴的熟人社会里（费孝通，2007）。在那里，瑶民觉得农产品的交易首先体现在熟人与熟人之间，即亲朋好友之间。其次是在人与祖先之间。最后是农户与市场之间。瑶民要从市场中获取生活用品，则必须要用现金实现交易。但是瑶民主要从事农耕，本身并不能直接产生现金，故瑶民在购买生活用品前，必须先与粮食采购商产生交易，从采购商处把粮食变现，才能实现市场购进，进而满足生活需求。这是市场经济对瑶民的要求。

事实上，瑶族村落更倾向于“物”的交易。在过去，每逢春节回娘家，女儿和女婿都会挑着一担米粽或生大米回娘家，农产品在这里充当最重要的“礼物”。返回时，娘家也会返还一些米粽或大米给女儿女婿。这种看似简单的交易，却是瑶族社会常规化的生活规则或文化仪式。农产品在这其中，起着维持良好的姻亲关系的作用。在祭祀祖先的时候，娘家人会把女儿女婿带来的“物”摆放到神台上，以供奉祖先。研究发现，当地人民尤其信仰祖先，凡是祭祖，粮食是必不可少的供品。可是随着社会的变化，为了方便自己，越来越多的家庭在年节走亲戚的时候，已经不再包米粽，也不带大米了，直接拿现金。“反正祖先也不吃多少”，祭拜的时候，直接用现金购买娘家人的肉和饭上供即可。娘家人也适应这样的变化。农产品在“实物移动”形式上消失了，但在“交易”上仍然存在，只是转化为购买的方式。娘家人在祭拜祖先的时候，像往常一样，会跟祖先喃喃，“嫁出去的孙女有酒有肉回来祭拜你们了”。不过这种购买式的交易并非像市场一样，一手交钱一手交货，而是通过不同的形式转移给娘家人，如女婿会给丈母娘偷偷塞几百元红包，女儿在给娘家的孩子发红包时，刻意多给一些等等。因此，研究发现，虽然女儿女婿回娘家时并没有带什么东西，但在回来的时候，总拎着一小袋东西。其实，那一小袋东西就是娘家人的回礼，其中会有一抓米或者两个米粽。

五、分析：生计与环境的关系

（一）环境培育的生存智慧

1. 旱作与稻作共存的农耕文化

环境决定论的观点是，不同的环境决定了不同的社会文化。至今为止，岭上人家在山区生活长达百年之久，其耕作区主要分布在山弄之中，包括山弄的谷底平地和斜坡山地。农村生计大大依赖环境资源提供的服务资源（Waleligu S Z，2016）。山弄自然环境有限，因此瑶民只能往山梁山坡开垦耕地以谋生，但山区缺水，年降水量较低，日光照时间短，故瑶民只能选择耐旱性较好的农作物在山区耕种，包括玉米、黄豆及红薯等。对于岭上人家而言，较为特殊的是，它在山外壮区平地上还拥有水田耕作区。水田耕作区处于壮区，有便利的水利灌溉系统，加上充裕的日照时间，一年可以开展两季稻耕作。经常年累月地劳作，瑶民根据当地自然环境及季节变化情况，总结出了符合山地和水田情况的耕作时间安排，构建了旱作与稻作共存的农耕文化，并严格遵循时间安排农务活动，日复一日，强化农耕文化意识。虽然瑶族生活的环境不断变迁，但是由于他们的耕作区不变，所以迄今为止，瑶民还是按照传统的经验进行旱作耕种。特殊的耕作区环境决定瑶族社会旱作与稻作共存的农耕文化，瑶民尊重自然并从自然环境出发，谋求世代的生存与发展。

2. 适应社会环境变迁的多样生存出路选择

文化总在适应环境的变化。文化适应是指传统文化要素面对新环境的重组重整，包括文化对环境的适应和文化各部分间的相互适应（高媛，2015）。岭上人家从原来单一的农耕策略维生，到后来的作为壮人的农务佣工，再到采石场工人，最后到进城务工。这一切谋生行动的选择一直向多样化发展，并趋于选择更优的生计方式。该选择与张丽萍等研究的青藏高原东部山地农牧区生计与耕地利用模式中，农为主型、非农为主型均引入非农活动与农业活动进行组合（Zhang L，Zhang Y，Yan J，et al，2008）的现象相似，这与山区瑶族社会的变迁息息相关。从进山期、游耕期，到相对固定期，到特殊库区移民期，再到劳动力外流期，再到自发搬迁期，到近年的多元共存期，百年以来，瑶族社会一直在发生变化。追溯瑶族社会的变迁，研究发现瑶民自迁入山区到迁出山区，经历了艰苦的生活探索，在这个探索的过程中，瑶民必须不断适应社会的变迁与发展，选择多样的生存出路。这个过程也是瑶族社会生计文化调适的过程。

（二）生计与环境的“共变”

1. 社会环境变化，生存思维和选择也在变化

从进山到出山，瑶民的生活环境一直在发生变化，有的变化在一定时期内相

对稳定，但是在相对稳定中，也有特殊时期的变迁。随着生活环境的变化，瑶民的谋生方式也在发生变化，从以农耕为本，到以农耕为主，外出务工相结合，到以外出务工为主与农耕为主共存的生计变化，很明显，在瑶民生活环境变化中，他们有更多机会接触山外的资源，包括壮人老同和壮人耕地等。更加趋于开放的生活环境，使得瑶民的生计思维发生微妙的变化，谋生的选项增多，行动选择也更灵活多样。瑶民不再局限于本身所有的耕作区，而是把耕作区拓展到壮人耕作区，这其中得益于大环境的变化，即随着社会大环境的开放，壮人较瑶民更早地进城务工，才让瑶民有机会"管理"壮人的土地。同样，瑶族小社会也与时俱进，发生变化，才让瑶民思想更加开放，不拘谨，不害怕。最后，才敢于参与到社会流动的浪潮之中，自发转移劳动力，以谋求更高的劳动收益。以 2016 年为例，一对留守夫妻在地耕作一年的收入折合成人民币是 6000 元左右，而一个劳动力进城务工，一个月 2500 元，一年的收入是 30000 元。由此看来，岭上人家生计文化的变化与生活环境的变迁符合"共变"原则。

2. 农耕技术及劳动力结构变化，引起农作物耕作变化

随着社会的发展，瑶族社会的农耕技术也在提高，农耕收成增加，瑶民的基本生存需求得到满足。2005 年后，瑶族社会的劳动力结构发生了重大变化，留守在瑶族村落的劳动力大大减少。2016 年全村劳动力 163 人，留守劳动力 51 人，留守劳动力仅占全村劳动力的 31.28%。更少的留守劳动力加上较高的生产技术，瑶民只需主要的农作物和较少的耕作面积，便能够保障家庭的生存安全。因此，从前面描述的农作物耕作的变迁中，可以理解某种农作物逐渐消失在瑶族社会的舞台上，且主要的农作物玉米和水稻的种植面积都有所减少，是合理的。

（三）农耕文化底蕴的坚守

1. 旱作与稻作共存的农耕文化作用于留守劳动力的主要谋生方式选择

为什么留守劳动力依然选择以农耕为主的谋生方式？从前文的描述中可得知，村落的劳动力结构发生了重大变化，村落的劳动力主要分成进城务工劳动

力和留守在新的社区的劳动力。在留守劳动力的工作内容中，研究发现，这部分生活在本地的劳动力，可以选择的谋生工作较以前更多，如最典型的可以选择建筑。相对于传统的农耕方式，建筑工作一年的收益，也要高出农耕收益几倍，但是瑶民还是选择以旱作与稻作共存的传统农耕方式为主，以保障生计。这是因为在瑶民的文化思维中，不是以市场经济利润的思维考虑行动策略的，尤其在留守群体中，瑶民是以生活保障或生存安全为基础而思考生存策略的。一位拥有熟练建筑技能的瑶民，不会以一年自己的工作收入为出发点计算一年的收入，而是想“我哪天工作，就哪天有收益”，以“工作日”为单位思考生计。在瑶民的思维中，保障生活才是根本，而最让自己放心的保障方式就是农耕。因为农耕是自己可以操作安排的，农户深知只要投入劳动，就会产生收成，这是令瑶民感觉生活是有保障的。因此，在瑶民的文化中，安全感是最重要的，尤其是生存安全。“我们的祖辈已经受够挨饿的日子，不想那些日子重现在生活中”，这是瑶民对自己的警示，也是对子女教育的口头禅。长期积累形成的旱作与稻作共存的农耕文化作用于留守劳动力，促使他们选择以耕田种地为主的谋生方式。

2. 农作物的文化功能影响着瑶民的生活文化仪式

从前文分析农产品的用途中，可以得知，农产品主要有两大用途即消费与交易。消费主要是保障瑶民的生活需求。交易一部分也是为了满足生活基本需求，然而交易还有一个不可忽视的功能，即农产品是一种用以维持稳固、和谐关系的礼物，包括人与人的交易及人与祖先的交易。这赋予了农作物一种独特的文化意义。当地人民尤其信仰祖先，凡是祭祖，粮食是必不可少的供品。每逢春节回娘家，女儿和女婿都会挑着一担米粽或生大米去看望娘家人，农产品充当是最重要的礼物。随着社会的变迁，农作物在神台上的量减少了，农产品在回娘家的“实物移动”形式上也消失了，但在仪式上却依然保持着传统文化的内容。神台上的供品只是量减少了，但依旧存在并不断出现；在礼物的交易中，交换的形式有所改变，但是内涵不变。因受到市场经济的影响，女儿女婿回娘家时，以购买式的交易方式获得娘家人的认可，且在返家时，依旧拎着娘家给的一小袋东西。那一小袋东西就是娘家人的回礼，其中会有一抓米或者两个米粽。无论瑶族社会如何变迁，这种原始的文化已经深深烙印在瑶族人民的血肉中，演绎于瑶族社会的人际互动及祖先信仰互动中。农作物的文化功能深刻影响着瑶民的生活仪式，并通过这种传统的仪式维持良好的熟人社会关系，促进瑶族社会的和谐发展。

六、结论

经全面深入地对瑶族村落观察与访谈，并对岭上人家的历史、环境及生计活动进行全面的回溯、梳理和分析，得出如下结论：

首先，在长期地与大自然充分互动过程中，岭上人家与自然环境发展了越加亲密的关系，特殊的耕作环境培育了瑶民独特的生存智慧。岭上人家受到大自然先天条件的限制与影响，选择顺应山地情况，发展生产。同时瑶民发挥人类智慧，改造自然环境，开拓及完善耕地，不断完善自己的“农耕”生计方式，构建并发展独特的旱作与稻作相结合的农耕文化。

其次，随着社会的变迁，瑶族社会的生计与环境“共变”。为了寻求更加优越的生活环境，瑶民不得已选择搬迁，从而引起生活环境的变化。同时，为了适应环境的变化，瑶民同步调适自己的生计文化，寻求多样化的生计方式；甚至受城镇化大环境的影响，选择进城务工这种同比更优的生计方式。

再次，在风云变化之中，长期形成的生计文化底蕴依然影响着瑶民的生活，保障其基本的人际关系和生活秩序。在社会变化愈演愈烈的今天，这样一个瑶族小村落的力量显得特别微弱，它正面临着城市化市场经济和自身变迁的双重作用，劳动力流失，生计方式不断调适，仅有传统文化维系着小村落的命运。故，民族小村落十分期待社会的关注，需要如社会工作者等诸多专业人士的介入，协助村落居民适应社会的变迁与发展，实现小村落命运向更好方向的转折。

参考文献

[1]（韩）全京秀．环境人类学［M］．北京：科学出版社，2015.

[2] 张雯．剧变的草原与牧民的栖居——一项来自内蒙古的环境人类学研究［J］．开放时代，2010，(11)：134–150.

[3] Yilebes Addisu. Livelihood strategies and diversification inwestern tip pastoral areas of Ethiopia［J］. Pastoralism，2017（7）：9.

[4] R. Y. M. Kangalawe，J. G. Lyimo. Population dynamics，rural livelihoodsand environmental degradation：some experiencesfrom Tanzania［J］. Environment，Development and Sustainability，2010（6）：985–997.

[5] 牟桃．环境人类学的由来、特征及中国经验［J］．民族论坛，2013（9)：3.

[6] 苏银兰．当代土家族地区生计方式变迁研究［D］．中南民族大学，2012.

[7] 董俊辉．云南楚雄紫溪彝村生计文化变迁研究［D］．贵州民族大学，2016.

[8] 张晓琼．变迁与发展［D］．中央民族大学，2003.

[9] 吕俊彪．“靠海吃海”生计内涵的演变——广西京族人生计方式的变迁［J］．东南亚纵横，2003（10)：52–56.

[10] 郭岚．罗康智、罗康隆的《传统文化中的生计策略：以侗族为例案》出版［J］．广西民族大学学报（哲学社会科学版)，2010，32（1)：188.

[11] 徐杰舜，罗树杰．靠山吃山，靠水吃水——船家与高山汉比较研究［J］．广西民族学院学报（哲学社会科学版)，2003（2)：7–13.

[12] 罗柳宁．生态环境变迁与文化调适：以广西矮山村壮族为例［J］．广西民族学院学报（哲学社会科学版)，2004（S1)：8–12.

[13] 罗康隆．论民族生计方式与生存环境的关系［J］．中央民族大学学

报，2004（5）：44-51.

[14] 韦月成．历史的转折：一个壮族移民新村生计方式变迁研究［D］．广西民族大学，2008.

[15] 蒙爱军．水族传统生计方式及其变迁［J］．中央民族大学学报（哲学社会科学版），2008（3）：41-45.

[16] 吴声军，李晓明．南岭过山瑶传统生计方式探析——以富川瑶族自治县枫木坪为例［J］．贺州学院学报，2011（2）：31-34.

[17] 韦朝永，蓝瑞轩．广西民族区域自治集成·大化瑶族自治县卷［M］．广西民族出版社，2012.

[18] 费孝通．乡土中国［M］．北京：人民出版社，2008.

[19] Walelign S Z. Livelihood strategies, environmental dependency and rural poverty: the case of two villages in rural Mozambique [J]. Environment, Development and Sustainability, 2016, 18 (2).

[20] 高媛．民族村落生计模式与文化传承关系研究［D］．贵州师范大学，2015.

[21] Zhang L, Zhang Y, Yan J, et al. Livelihood diversification and cropland use pattern in agro-pastoral mountainous region of eastern Tibetan Plateau [J]. Journal of Geographical Sciences, 2008, 18 (4): 503-504.

附　录

附件 A

岭上人家年农耕时间表

项目 农事 时间	春节	正月十五	二月上旬	二月下旬	三月	四月上旬	四月下旬	五月上旬	五月中旬	五月下旬	六月上旬	六月下旬	七月	八月	九月	十月	十一月	十二月
山中玉米耕作		播种	摘苗补苗		除草培土	除草培土	苞谷出粱	苞谷成熟	收获	打柴狩猎	打柴狩猎		打柴狩猎	打柴狩猎				挑肥送地
山外稻米耕作				早稻播种		插秧		耕耘洒药			晚稻播种	收稻种晚稻	耕耘洒药	耕耘洒药	晚稻谷收割	打柴狩猎	除草翻地	
红薯(平地)芋头(山地)		播种														收获		
黄豆（平地）								黄豆播种					收豆、去皮、晾晒					
蚕豆（山地）											播种			采摘				

注：表中时间为农历计时。

附件 B

访谈提纲

（一）岭上人家的历史

1. 瑶族村落经历了怎样的历史变迁？

2. 定居最久的村落龙排，发生了哪些变化？

3. 什么时候开始搬迁？经历了几次搬迁？搬迁的原因是什么？

4. 村落的道路是如何建立并形成目前的交通网络的？

（二）关于生产生活

1. 龙排的生活环境以前是怎样的？现在变化得怎么样？

2. 定居龙排时，主要在哪里种田种地？

3. 村中主要种植哪些农作物？如何安排一年四季的农务生产？

4. 生活在新的环境，主要从事哪些营生活动？

（三）关于生计的变迁

1. 村里的劳动力什么时候开始外出务工？

2. 现在村中劳动力结构是怎样的？

3. 家庭种植的农作物有哪些变化？哪些减少了？哪些现在还在耕种？

4. 农产品的用途包括哪些？

（四）关于集市交易

1. 村民经常赶圩吗？主要去哪些集市？

2. 赶圩主要进行哪些交易？卖什么？买什么？

3. 粮食等农产品出售的情况是怎样的？

（五）关于农产品与社区互动（传统文化）

1. 农产品在走亲戚、娶亲等社区互动中，以怎样的形式出现？有什么作用？

2. 传统文化活动中，如祭祀，农产品又以怎样的形式出现？有什么讲究？

第六章　“街头曙光”：流浪乞讨人员救助困境与社会工作介入研究

流浪乞讨人员分散在城市的各个角落，以乞讨为生，生活十分艰辛。我国自出台《城市生活无着的流浪乞讨人员救助管理办法》以来，通过设立救助管理站对流浪乞讨人员进行临时性救助，在一定程度上为其基本生存提供了保障。本章通过对流浪乞讨人员和救助工作人员的调查发现，流浪人员对救助工作配合度低、政府部门间合作不密切、救助工作专业性低。社会工作作为一种专业的助人工作，与流浪乞讨人员救助工作有着相同的助人本质、交叉的工作对象以及互补的救助内容，因此社会工作介入流浪乞讨人员救助具有可行性。通过在救助工作中开展社会工作服务项目，满足了服务对象的多样化需求，增强了救助效果。最后，本章通过反思社工介入救助，总结了社会工作在介入流浪乞讨人员救助中存在的不足，并从促进机构能力建设、提高服务自主性、完善救助政策三个方面提出发展对策。

一、引言

（一）研究背景

社会救助是国家和社会向陷入生存困境的公民提供一定的财物接济和生活扶助，保障其最低生活需要的制度。我国社会救助的对象包括流浪乞讨人员。2003年孙志刚在收容站被殴打致死事件引发了社会对流浪乞讨人员的关注，促使救助新法规颁布，从而完善我国流浪乞讨人员救助体系。

救助管理站经历了由“收容所”到“救助站”再到“救助管理站”三大总称的变化。从名称上我们也能看到救助管理站的职责变化，救助管理站的工作人员也没有了“执法权”，只能劝导流浪人员接受救助而不能强制执行。根据《救助管理办法》的自愿救助原则，流浪人员的流动权利得以保障，但救助管理的职能被削弱，流浪乞讨人员以此为由拒绝接受救助，导致流浪乞讨人员更难管理，城市流浪现象难以改善（赵琪，2017）。以柳州市为例，近年来，柳州市救助管理站救助流浪乞讨人员4000人。截至2019年3月6日，因查不清家庭地址长期滞留安置代养人员147人（市民政康复医院74人，市精神病院40人，市第七人民医院33人），而柳州市常住人口仅约266.5万人。流浪乞讨现象愈发常见，我们应采取必要的措施管理这一现象，帮助工作人员摆脱救助困境。

近年来，救助制度和救助方式经历了变革与完善，现在柳州市救助管理站的运行状况和专业程度如何、专业社工在开展社会救助时如何展现专业性是非常值得探究的。

（二）国内外研究现状

1. 国内学者研究现状

国内学者关于流浪乞讨人员研究主要从流浪乞讨人员类型、流浪乞讨人员救助发展、社会工作介入流浪乞讨人员救助的研究。

首先，关于流浪乞讨人员类型的研究。王伟标和李展鹏在《新形势下流浪乞讨人员的现状分析和对策思考》中将流浪乞讨人员分为正常型、摇摆型和职业型：因当地政府资金短缺而无法被救济以至于流浪的人属于正常型；摇摆型指本可不乞讨的人在政策不再干预乞讨行为时利用乞讨致富；职业型是指把流浪乞讨当作职业（王伟标、李鹏展，2004）。其次，关于流浪乞讨人员救助发展的研究。流浪乞讨人员救助发展的第一阶段是1949—1982年的流浪人员生产教养阶段，政府生产教养院改为生产劳动场、收容遣送站所；第二阶段是1982年《城市流浪乞讨人员收容遣送办法》发布，流浪救助逐渐沦为强制性救助；第三阶段是2003年《救助管理办法》颁行至今（康积萍，2014）。再次，关于社会工作介入流浪乞讨人员救助的研究。理论层面：张应磊提出救助工作缺乏专业人员，应发挥社会工作介入救助管理的优势。裴小茹从发展型社会政策分析了社会工作介入社会救助的可行性。实务层面：王士卿、徐从德运用社会工作方法介入流浪乞讨人员救助，有助于从根源上解决流浪乞讨人员问题。徐瑜莲通过对Q市救助管理站的流浪儿童开展个案工作和小组工作，帮助其构建稳定的社会支持网络，恢复其社会功能。

2. 国外学者研究现状

国外学者关于流浪乞讨人员的研究包括发达国家对流浪乞讨人员的救助政策、流浪乞讨人员类型等研究。关于发达国家对流浪乞讨人员的救助政策，英国1601年通过推动社会保障发展的《伊丽莎白济贫法》；1834年出台把社会救助视作政府义务的新《济贫法》；1996年通过《房屋管理法案》规定向无家可归者提供居住援助是住宅管理机关的法定义务；2002年《无家可归者救助法案》要求地方制定解决本地流浪现象的救助政策。巴黎成立专门为流浪者提供帮助的警察机构，确认无家可归者的身份，进行直接救助或将其送到救助中心；与社会机构合作，帮助流浪者。关于流浪乞讨人员的研究。美国根据“流浪”时间的长短将无家可归者分为暂时无家可归者、短期无家可归者和长期无家可归者（梁茂春，2004）。部分日本流浪者为逃避压力而选择流浪，依存于他人的恩惠（陈玉英，2007）。

欧美国家将“无家可归者”定义为“流浪人员”并为他们提供救助，而中国对流浪人员的划分更细致严谨。在提供救助的主体方面，欧美国家倾向于与社会组织合作共同救助流浪人员，而中国成立专门的事业单位——救助管理站对流浪人员进行救助，普通城市几乎没有可以合作的专业机构。目前国内主要研究了救助管理制度的变迁史、救助管理制度的发展现状、存在的问题及解决策略等。各个国家的基本国情和发展程度不同，因此应将理论结果融合在实践中，推动社会救助的本土化发展。

目前学者对于社会工作介入流浪乞讨人员救助工作的实务研究较少。

（三）主要概念界定

1. 流浪乞讨人员

流浪乞讨人员是指居无定所、靠乞讨为生的人。在《城市生活无着的流浪乞讨人员救助管理办法实施细则》中，因自身无力解决食宿，无亲友投靠，又不享受城市最低生活保障或者农村五保供养，正在城市流浪乞讨度日的人员被定义为流浪乞讨人员。

2. 社会工作

社会工作以科学知识为基础，运用专业方法，帮助困难群体解决困境，是专业的助人活动。社会工作是以利他主义为指导的、以有效助人为目标的一种价值相关的社会行动（何国良、王思斌，2000）。

社会工作直接的工作方法包括个案工作、小组工作和社区工作，社工与服务对象面对面开展服务。间接的工作方法包括社会工作行政和社会政策等。社会工作主要采取直接的工作方法介入流浪乞讨人员救助。

3. 社会救助

社会救助，指国家和社会对由于各种原因而陷入生存困境的公民，给予财物接济和生活扶助，以保障其最低生活需要（侯丽艳、梁平、张文镔，2014）。《社会救助暂行办法》明确了流浪乞讨人员救助属于临时救助。

（四）研究方法

1. 研究思路

首先，本章通过文献法对相关概念进行梳理，确定研究方法与理论基础，在了解柳州市流浪乞讨人员情况的前提下，对他们的流浪乞讨现状及问题进行阐述。其次，对研究对象进行评估，分析其流浪乞讨和拒绝救助的原因。再次，设计社会工作介入社会救助工作的具体方案并实施。最后，对介入效果进行整体性评估、总结及反思。

2. 研究方法

本章采用问卷调查法研究流浪乞讨现象，以求得到客观事实；采用文献研究和访谈法进行深入分析。

（1）问卷调查法

本研究用问卷调查法对柳州市的流浪乞讨人员进行基本情况调查，主要包括基本信息、对救助工作的满意度、不满意的原因、不愿接受救助的原因及对救助服务的期待等问题。

（2）文献研究法

笔者通过查阅和梳理与“社会工作介入流浪乞讨人员社会救助”相关的文献资料，大致了解了研究问题产生的背景及所要运用的理论。

（3）访谈法

通过访谈可获得更实际的信息，使资料更具说服力。首先明确访谈目的；其次拟定访谈提纲，收集信息。访谈的对象是救助站工作人员和计划进行社会工作介入的流浪乞讨人员。

（4）社会工作方法

本研究采用个案工作和社区工作。个案工作主要用于解决流浪乞讨行为；社区工作主要是对不愿接受站内救助的人进行临时性的物质救助和救助政策的宣传。

二、流浪乞讨人员救助的现状及困境——以柳州市为例

（一）调查方案

1. 问卷及访谈提纲设计

本研究问卷共两个部分：第一部分采集调查对象的基本信息；第二部分了解救助对象接受救助的内容及对救助服务的满意度。问卷大纲，见表 7－1 所列。

表 7－1　问卷大纲

方向	具体内容
基础信息	性别，年龄，籍贯，家庭情况，生活情况，流浪原因
返乡、物资、医疗及精神健康救助及满意度	救助意愿，救助经历，救助需求； 对救助内容及工作人员的满意度

（续表）

方向	具体内容
寻亲服务及满意度	寻亲经历、寻亲途径、寻亲救助需求
其他救助	其他救助内容、救助政策了解程度及评价、救助需求

本研究通过访谈对救助站工作人员进行调查。主要问题如下：

（1）请问您日常的工作是什么？

（2）请问您如何解决工作中遇到的问题和困难？

（3）请问您是否获得了社工证？

（4）请问您如何看待社会工作介入救助工作？

2. 抽样

笔者对柳州市救助管理站救助的流浪乞讨人员进行问卷调查，共发放问卷50份，回收问卷47份，有效问卷45份。采用分层抽样的方式访谈救助工作人员。首先根据工龄将调查对象分为工龄≤5年、5年<工龄≤10年、工龄≥10年三组，然后在不同的组内各随机抽取两名工作人员进行访谈，以保证样本在不同工龄段的分布。

3. 样本基本情况

通过分析问卷调查的样本数据得出（见表7-2），调查对象男女比例差距大。86.7%的调查对象为男性，仅13.3%为女性；18~40岁的中青年占比高，比例达到了55.6%；其次是41~60岁的中年人，占比33.3%；61岁及以上的老年人和17岁及以下的未成年人占比分别为8.9%和2.2%。

表7-2 问卷调查样本基本分析

	性别		年龄			
	男	女	17岁及以下	18~40岁	41~60岁	61岁及以上
频率	39	6	1	25	15	4
百分比	86.7	13.3	2.2	55.6	33.3	8.9

“临时性失业”和“钱财花光且无其他收入”是导致流浪乞讨现象发生的两大主因，比例分别占到了24.5%和22.2%（见表7－3）。外出打工是18～40岁的中青年人养家的重要方式，打工时出现临时性失业、钱财花光等情况使他们不得不向救助站求助。

表7－3　流浪原因统计分析

原因	频率	百分比
临时失业	22	24.5
钱财花光且无其他收入	20	22.2
找不到工作	12	13.3
上当受骗	8	8.9
钱被偷光	7	7.8
补贴家用	6	6.7
流浪是自己的生活方式	5	5.6
无家可归	4	4.4
因患精神疾病走失	3	3.3
无赡养人	2	2.2
其他	1	1.1

社工共抽取6名一线救助人员进行访谈，分为工龄不足5年、工龄在5年以上10年以下、工龄在10年及以上三组。（具体见表7－4）。

表7－4　访谈对象基本信息分析

项目	性别		工龄		
	男	女	工龄不足五年	工龄五年以上十年以下	工龄十年及以上
人数	4	2	1	2	3
百分比	67.7	33.3	16.7	33.3	50

（二）流浪乞讨人员救助存在的困境

1. 困境一：流浪人员对流浪救助工作的配合度低

在救助开展和访问过程中，可以了解到部分流浪人员不愿配合救助工作的原因主要有两个：一是道听途说，对救助站有不实的了解，认为在救助站会受到欺负甚至遭受虐待等而不愿意接受救助；二是将流浪作为自己的职业，自己本身便是“职业流浪者”，因而不愿意接受救助。

个案1：在柳州市某人口流动量大的主路口，一位双目失明的老人（男，约60岁，柳州市本地人）常年在此路口的红绿灯等待区拉二胡表演并在地面上放置行乞所用的器皿向过往的路人行乞。救助站工作人员多次劝导其跟随他们去到站内接受救助，但其以较激烈抗拒的态度拒绝。2019年12月15日上午，救助站工作人员上街救助，但该流浪人员依旧拒绝接受救助且对救助站有很大偏见。

工作人员：“老大哥，天这么冷了，别在这路口了，跟我们回去吧！”

流浪者：“我才不和恁（你们）回去，去了就把我关住，啥都不管！说多好多好都是骗人！”

工作人员：“怎么会是骗人呢？我们那儿有给你们做饭的，睡觉的床和棉被都有，还能洗个热水澡，多舒服！现在都规范得很，放心吧！”

流浪人员：“我不去，恁（你们）走吧，我搁这儿也不犯法！”

个案2：在柳州市某商圈，有一位年轻的流浪者（男，约27岁，外地人）长期在此地流浪。据调查了解，救助站工作人员已对其进行物资救助，向其提供了军大衣等保暖物品。但该男子拒绝工作人员为其提供的其他帮助，依旧选择在外流浪。

工作人员：“都快过年了，你还在外面转呢？跟不跟俺（我们）走啊？”

流浪人员：（摇头，低着头快速离开）。

2. 困境二：权力过于分散，部门间合作有待加强

部分市民和商家在遇到流浪乞讨人员影响其正常生活或正常营业的情况下选择报警，向公安部门求助，但是公安机关由于行乞者没有偷盗抢等违法犯罪行为

而无法对其管理，只能让救助站来实施救助。而对于救助站的工作人员来说，因为没有执法权，不可强制将流浪人员带回救助站，所以他们在处理行乞者问题上也只能采取劝说的方式，但是收效甚微。

3. 困境三：救助和后续服务的专业性低，难以满足流浪人员的需求

通过调查分析发现，流浪人员除了需要救助物资外，还对心理辅导、社工服务、就业能力培训及就业资源链接等服务性救助也有一定的需求，但目前救助管理站并不能满足流浪人员的这些需求。

流浪乞讨人员流浪的原因和面临的困境不同，只为其提供程序化的救助，不但不能够从根本上解决他们的流浪问题，反而会让他们对救助工作产生抗拒或者依赖的心理。流浪人员更多的是需要心理治疗、行为矫正、资源链接等服务性质的救助。

（三）流浪乞讨人员救助困境的原因分析

1. 宣传力度不足，民众对救助部门职能不了解

柳州市救助管理站仅31位在编人员且很少融入新鲜血液。站内未设置专门的宣传岗位，目前柳州市救助站宣传的方式主要有两种：一是在上街救助时向环卫工或者其他路人发放救助站的名片，并向他们介绍救助政策，请他们帮忙反映该路段内流浪人员情况，在发现流浪人员或其他需要救助的人员时联系救助站值班人员，以便救助站及时精准地开展救助服务；二是在车载广播节目刊登广告，播放救助站救助方式和联系方式，以便市民在发现需要救助的人员时能及时联系站内工作人员。

但以上两种宣传方式效率低下且宣传覆盖面较少，导致大多数市民并不知道救助站的职能，甚至不知道柳州市有救助管理站这一单位。

2. 职权分散，各单位部门需加强合作

公安部门虽有执法权但不得将没有违法犯罪行为的流浪人员收治，而救助管理站虽然可以给流浪人员提供物资、医疗等多种救助，但无执法权，需要尊重流浪者的意见而不能强制执行，因此会出现因职权分散而导致无法将流浪人员救助

的情况。笔者认为，虽然要尊重人权、以人为本，但在流浪人员救助工作开展过程中可能会遇到特殊情况，应扩大救助管理站工作人员的权力或者多部门密切配合以便更好地发挥其救助管理的职能。

3. 救助行动缺乏专业性

据笔者访谈调查，救助站31位在编人员中均无专业社工，也没有学过社会工作等相关专业的工作人员。工作人员对社会工作了解甚少，并且大多数工作人员认为救助流浪乞讨人员不需要进行专业学习，只需要实践几次就可以了。救助站内在开展救助工作的过程中也非常程序化，只注重物质、身体健康等方面的救助，而不注重心理、社会融入等方面的帮助；只能短期内给予求助者相应的帮助，而不能“助人自助”。

（四）柳州市救助管理站工作情况分析

柳州市救助管理站主要有四个科室：一是信息科，主要负责登记求助者个人信息。二是救助保护流浪少儿中心，专门负责流浪少儿的工作。但是，救助站在接收到流浪乞讨儿童的求助时都会直接联系其家长将其接回，如果联系不到家人，则会直接将他们送到福利院。三是后勤科，主要负责滞留的受助人员吃住。四是救助科，以扫街的形式对街面上的流动遇困人员实施救助，并分管定点医院、精神科医院和托养机构。

救助管理站的主要工作内容：第一，帮助流浪乞讨人员返乡。工作人员了解受助者的基本情况后，决定是否要护送他们返回家乡。救助站为有自返能力但没钱的受助者提供车票和食品；开车护送无自返能力的受助者。第二，提供短时停留的居所。短时停留的受助者被安排住在站内，日后由工作人员护送返乡。身份信息不明或联系不上家人的受助者，可在救助站停留15～60天或转介到养老院、精神病院等托养机构。据柳州市救助站工作总结，2019年全年救助总量达622人，其中站内救助430人，站外救助192人，救助内容主要是提供物资、医疗救助等。

从上述情况来看，目前的柳州市救助站救助流程较完整，但缺少对受助者进行需求评估和心理干预，以及资源整合和重构社会支持网络等重要环节，救助站目前无法采取个性化、有针对性的救助措施。

三、社会工作介入流浪乞讨人员救助的必要性和可行性分析

（一）社会工作介入的必要性

1. 社会工作专业性促进救助行动专业化

救助管理站需要专业助人的社会工作介入以便提供心理辅导、能力培训和资源链接等服务性救助。个案工作有针对性地解决流浪乞讨人员的问题，满足服务对象多样需求。社区工作不仅可以传播救助政策，还可以通过链接资源、搭建社会支持网络的方式解决流浪乞讨人员的就业问题。

程序化的救助易导致救助对象抗拒救助。社工能更好地发挥同理心，运用专业的沟通技巧和受助人员建立服务关系，制订个性化服务计划，满足服务对象多样化需求，帮助服务对象回归正常生活。

2. 社会工作促进救助政策发展

首先，社会工作可以发挥政策倡导的作用。第一，倡导建立或改变组织；第二，倡导宏观社会政策目标（王思斌，2013）。通过调查流浪人员的需求，提出现存制度和政策的改进建议，促进社会救助政策的发展。Red burn 指出，应该用不同的政策来为不同类型的流浪乞讨人员提供服务（Red burn，F. Stevens and Terry F. Buss，1986）。这是社会工作通过政策倡导的途径对政策层面发挥作用。其次，王思斌认为社会工作是社会政策实施过程中的重要构成，并通过服务过程充当社会政策的“验证者”，从而反过来推动社会政策的改进（王思斌，2004）。社会工作通过政策实践发现其在实施过程中的不足并改进。

（二）社会工作介入的可行性

1. 相同的助人本质

助人是社会工作与流浪乞讨人员救助共同的本质。社会工作是专业助人活动，以人道主义为价值导向帮助面临困难的人群摆脱困境，具有“利他主义”

精神。流浪乞讨人员救助通过帮扶流浪乞讨人员，保障其基本生存权，使他们的生活得以继续。二者在助人本质上具有一致性。

2. 交叉的工作对象

流浪乞讨人员面临着饥饿、疾病、恶劣天气等困境，无亲友投靠，又不享有最低生活保障，属于弱势群体，需要社会的救济和帮扶。

作为弱势群体，流浪乞讨人员自然也就成了社工的帮助对象，二者的工作对象存在交叉。关爱社会弱势群体，为其提供一定的支持和保护，体现了以人为本的理念，反映了对社会公平正义的追求，是社会工作专业的崇高使命（何洁云、阮曾媛，1999）。

3. 互补的救助内容

流浪乞讨人员在流浪时难免会受到他人的漠视与欺凌，在这种环境下生存一段时间后会极度不信任他人、恐惧甚至仇恨社会，以至于走上违法犯罪的道路。如果不解决他们的心理问题，这一群体可能影响社会稳定。

流浪乞讨者通过社会工作价值关怀才能感觉到社会的温暖，重新建立起正确的世界观和人生观。因此，社会工作的救助活动不仅是行动上的付出，还有与救助对象情感上的交流。另外，社工相信每个人都有优势和力量，社工需要引导服务对象在创伤和苦难的荆棘中提升自我抗逆力，从而达到改善生活质量的目的（陈友华、祝西冰，2016）。

四、社会工作介入流浪乞讨人员救助的实务分析

（一）社会工作介入的背景及方案设计

1. 社会工作介入的背景

柳州市位于我国中西部，交通便利且生活压力较小，因此吸引了大量的外籍人员，流浪乞讨人员的数量也不断上升，但救助工作人员的数量远远不够。柳州市救助管理站在编工作人员仅 31 人，站内无专业社工，这为救助站的救助工作带来了很大挑战。

2. 理论基础

（1）认知行为治疗

认知行为治疗理论，是一种具有结构性、短程以及认知取向的心理治疗方法，其理论基础是行为理论和认知理论（李晓华、刘彬，2017）。认知行为治疗理论认为认知与行为是相互影响的，可通过改变其中一方来控制另一方。

认知行为治疗模式能够在较短的时间内产生效果，这在临时救助领域中面对流动性强、情况复杂多样的救助对象有独到的优势。

（2）优势视角理论

优势视角是指社工对案主的潜能进行开发和运用，发挥案主周边环境资源的支持，促进案主自我完善与发展。在以前的社会工作中，往往把服务对象当作有缺陷的人来对待。将服务对象“问题化”，会影响到服务对象对自己的看法，也会影响到别人对他们的态度。久而久之这些人就会改变自我认同，越来越自卑（Dennis Saleebey，2004）。

3. 方案设计

社会工作在介入流浪乞讨人员救助服务中，主要通过个案社会工作和社区社会工作开展服务。

（1）个案社会工作

在该项目中，社工首先对案主进行问题预估，与案主共同探讨其所面临的问题，然后设计并实施介入方案。个案服务评估以问卷评估和访谈评估的形式，从服务成果和服务影响两个方面开展。

（2）社区社会工作

社区工作是社工运用专业方法解决社区问题、促进地区发展的方法和活动。其本质特征：一是有专业社工介入；二是方法多样；三是工作对象多元化；四是集体行动；五是以解决社会问题为目标；六是以民主价值观念为指导（裴小茹，2012）。本研究中运用社区社会工作进行救助政策宣传，唤起社会对流浪乞讨问题的重视，在社会层面构建起对流浪乞讨人员的关注和保护，同时推动救助政策的完善发展。

（二）社会工作介入流浪乞讨人员救助

1. 提供专业服务，满足多样化救助需求

救助管理站提供的救助以物质救助为主，由于缺乏专业人员而无法满足流浪乞讨人员在服务性救助上的需求。社工可利用专业优势，提供服务性救助，从而全方面满足服务对象的需求。

（1）接案

案主Z，男，27岁，河南人，初中文化，与父母产生矛盾独自出走至柳州市，钱财用完后到救助站求助，希望能够留在站内。

（2）预估与问题分析

a. 案主的基本情况

案主现状：案主身体状况良好，精神有些沮丧。目前住在救助站内，每天有保洁人员打扫房间，一日三餐由厨师送至房间。

案主的家庭情况：案主一家四口住在农村，靠父亲上班的工资和母亲打工挣的钱生活。据案主自述，父母虽对自己很照顾，但偏爱妹妹。同时案主认为是自己的不学无术让父母失望，以至于将希望放在妹妹身上。

案主的个人经历：案主在上初中时因遭遇校园暴力而抗拒学习，父母及老师未能及时疏导其抗拒心理，导致案主在初二时辍学并时常和“社会青年”混在一起，靠着父母的收入在网吧等地度日。随着年龄的增长，案主希望自己能够更加独立，曾尝试找工作。但由于学历低且无一技之长，工作一直没有落实。在此过程中案主未得到家人的支持，且家人认为是案主心理承受力太差才导致自己前途黯淡。案主为此苦恼，偷偷离家至柳州市，希望在柳州市得到一份工作。

b. 问题分析

工作未落实，难以经济独立。

案主渴望经济独立并帮扶家庭，减轻父母的压力，但由于自身能力较差，一直未找到工作。

对父母存在误解，渴望得到更多的关心。

案主渴望得到父母的关心，但同时心存愧疚，这种矛盾心理反而使他嫉妒妹妹。后来案主赌气离家，更加可以看出其内心的挣扎。

c. 资源评估

案主虽与父母有矛盾，但能体谅父母的辛苦。社工可正面肯定案主的体贴，提升其自信，减轻其情感负担。其次，案主希望通过自身努力自立，社工应激发其自立精神，充分发掘案主的内在潜力。

（3）个案服务介入计划

表7-5　任务中心模式个案服务介入计划表

进程	目的	需要解决的问题	预估困难与解决方法
接案与预估	收集案主资料，分析问题	制订解决方案	预估困难：案主可能隐瞒情感问题 解决方法：建立信任关系后，再讨论情感问题
服务介入	帮助案主寻找工作	评估案主工作能力	预估困难：案主在无社会关系的柳州市找工作较困难 解决方法：引导案主把找工作的方向放在家乡
	鼓励案主向父母表达内心想法，掌握沟通技巧	学习沟通技巧，鼓励案主与父母和解	预估困难：短时间内难以通过沟通解决情感问题 解决方法：营造安全、信任的服务环境
评估及结案	结案	回顾案主的成长经历，抒发离别情绪，巩固个案效果	预估困难：结案与救助工作冲突，难以独立开展 解决方法：提前准备结案工作，简化结案流程

（4）服务评估

本次服务发掘了案主的内在潜力；鼓励案主向父母表达内心的真实想法，化解了矛盾。但是，由于社工本身是实习生，能力有限且目前的救助政策中并没有涉及就业问题，因此救助管理站不能提供相应的资源。对于案主是否能够找到工作并不能给予明确的回答。

2. 运用社区社会工作方法，宣传救助政策

社工与救助站工作人员在上街救助时，积极向不愿接受站内救助的流浪人员发放军大衣等物资；向市民发放救助站名片、讲解救助流程、宣传救助政策。这样做有利于普及社会救助政策，促使流浪人员主动到救助站求助，也促使市民在发现需要救助的人员时及时联系救助站工作人员提供救助。

（三）社会工作介入流浪乞讨人员救助的成效评估

通过问卷和访谈的形式进行评估，了解社会工作介入后流浪乞讨人员救助效果的改变情况。

1. 救助需求得到满足

救助站的工作人员往往根据工作经验开展救助工作，缺乏专业技能。虽然救助对象有精神、心理等层面的需求，但救助站只能提供物质救助，无法提供有效的心理疏导、资源链接等专业服务；部分救助对象即使接受了救助服务，他们的需求也没有被满足。而社工受过专业训练，通过为救助对象提供心理疏导、陪伴支持、资源链接等服务，满足了服务对象心理和精神层面的需求。

个案1：案主W，男，58岁，河南省周口市人。案主自述因想帮子女减轻赡养压力而来柳州市打工，在柳州市几日后钱财花光，但仍未找到工作，便开始乞讨，由民警送至救助站。

社工了解其情况后，联系到其儿子，通过沟通了解到儿子曾无意说出父亲没有退休金，自己工资不高，需要赡养老人还要维持自己小家的生活，生活压力太大。父亲认为自己拖累了儿子便悄悄外出打工，未告知他。社工引导父子二人向对方倾诉内心想法，化解了对方对自己的误解，案主已被接回家。

2. 救助效果得到提高

物质救助只能解决救助对象的温饱问题，不能从根本上满足求助者的需求，因此求助对象常出现拒绝救助、反复救助的情况。社工在了解救助对象实际需求的基础上设计有效的服务方案，提供针对性服务内容，从根源上帮助服务对象摆脱流浪乞讨现状。

社工通过开展个案工作帮助服务对象树立信心，激发他们的自我潜能，调动服务对象的能动性。社会工作的介入，实现了救助工作从物质救助到服务救助的发展，提高了救助效率，增强了救助效果。

个案2：案主Z，女，24岁，河南人，在柳州市多年，不愿意工作，曾多次来救助站求助。在项目开展过程中，由于社工与案主年龄相仿，很快建立了信任关系。在交流中社工发现，案主认为自己找不到工作，于是社工在个案访谈中借由如何找对象这一话题帮案主进行职业规划，通过分析自身的优势与不足，激励案主努力工作，摆脱现状，树立对未来美好生活的信心。经过多次介入，案主最终重新燃起生活的希望，并通过努力在柳州市谋得一份正经工作。

五、社会工作介入流浪乞讨人员救助的专业反思与发展对策

（一）社会工作介入流浪乞讨人员救助的专业反思

1. 社会认可度不高

社会工作在我国的发展时间不长，救助社会工作还处于起步阶段。流浪乞讨人员大多来自贫困地区，文化水平普遍不高，可能从未接触过社会工作。在介入过程中，社工首先要向流浪人员解释什么是社会工作，然而部分流浪人员对社会工作的理解和接受往往十分困难。

个案3：案主X，男，55岁，河南人。案主自述无儿无女，妻子已离世，于是自己只身来到柳州市，露宿街头，以乞讨为生。案主多次拒绝接受救助，对救助工作充满敌意。在对案主进行评估之后，社工建议工作人员对案主进行不定期探访，以站外救助形式为案主提供救助物资。

2. 对政策影响不足

增能理论能促成政策的改变，通过社会行动或其他集体努力，影响造成个人问题的环境力量（陈树强，2003）。社工可以通过宣传增强社会对流浪乞讨人员的关注，但柳州市目前无专业的团体参与救助行动，对流浪乞讨人员的关注度较低。救助社会工作所积累的经验不足以上升为政策依据。救助站与社工之间协同治理流浪乞讨人员问题，可促使政府看到社会工作对救助工作的影响，从而促成社会政策层面的改变。

（二）社会工作介入流浪乞讨人员救助的发展对策

1. 促进机构能力建设，提高社会工作专业影响力

提高社工机构的能力，培养出更加优秀的社工，使机构在参与流浪乞讨人员救助中更好地发挥社会组织的作用，从而提高各界对社会工作的认可度。因此，应从制度层面入手，推动社会工作机构的能力建设。

第一，消除社会组织成立的制度障碍（马全中，2017）。2013 年国务院通过修订相关条例，结束了社会组织的“双重管理”体制，但社会组织发展仍受限制。因此，要深入贯彻落实社会组织建设相关政策，进一步消除社会组织发展的制度障碍，促进社会工作机构的建立和发展。

第二，完善社工职业资格认证体系，打造专业化队伍。通过完善社工职业水平认证标准、提高专业社工的福利待遇，促进社工人才培养，为社工组织的发展注入强劲动力。

2. 摆脱依附性合作，提高服务自主性

社会组织具有民间性、灵活性、非营利性、自治性和高效性等特征，为社会组织成为公共服务供给主体提供了可能（罗思洁，2018）。社工机构加入流浪乞讨人员救助工作，与救助管理站实现共治。但由于救助管理站居于主导地位，易导致社工缺乏服务自主性，影响共治效果。因此，社工机构应加强提供服务的自主性，避免过度依赖救助管理站。

首先，可明晰公共事务治理领域的权力边界，以规避因政府公共权力扩张与

越权行使对其自治性造成损害的可能性（王帆宇，2018）。其次，通过开展服务培训提高社工的服务能力与水平，增强其在社会救助领域的权威性，提高与政府合作的地位。再次，坚持将服务对象的利益作为首要考虑的因素。

3. 完善救助政策，开展专业救助

Axel son 坚持认为国家是社会救助的主体，应该进一步承担起对流浪乞讨人员的救助责任，并认为政府应在救助法律、住房及职业培训等方面加大投入（Axel son，T. E. & Dail，W. G，1995）。国家需要进一步完善救助立法，对哪些部门配合救助工作、配合工作如何开展、怎样监督，以及如何引进专业社会力量参与救助、参与的形式与评估方式、如何培训流浪乞讨人员的工作能力等具体问题做出更为详细的说明。

从笔者所了解到的情况来看，目前救助站已经在临时住宿救助、食物救助、回归安置等方面做了大量的工作，而在其他救助方面还有很大的发展空间，可以引入专业人才和资源，实现服务内容的全方位覆盖。

六、结语

本章通过文献法、访谈法和问卷调查法研究流浪乞讨人员救助，探讨目前流浪乞讨人员救助存在的困境以及原因，分析了社会工作介入流浪乞讨人员救助的必要性和可行性。通过分析社会工作介入情况，总结不足，提出对策。

通过调查分析，本研究认为目前的流浪乞讨人员救助的困境主要体现在三个方面：一是流浪人员对流浪救助工作的配合度低；二是各部门的合作有待加强；三是救助和后续服务的专业性低，难以满足流浪人员的需求。调查发现，造成这些问题的原因主要是民众对救助部门职能不了解；各单位部门职权过于分散；救助行动缺乏专业性等。

社会工作介入可以更好地开展救助工作，解决流浪乞讨人员救助的困境。首先，社会工作介入流浪乞讨人员救助不仅可以提高救助行动的专业性，还可以通过政策倡导和政策实践推动救助政策的完善发展。其次，社会工作与救助工作有相同的助人本质、交叉的工作对象和互补的救助内容，因而社会工作在介入流浪乞讨人员救助上具有可行性。

社会工作作为一种专业的助人方法介入流浪乞讨人员救助，不仅使救助主体向多元化发展，而且满足了服务对象心理及精神等层面的救助需求，提高了救助效果。但是，通过对社会工作介入流浪乞讨人员救助实务的探索，研究发现社会工作在介入流浪乞讨人员救助中也存在一些问题，表现为社会认可度不高、对政策影响不足。因此，笔者提出需要从以下几个方面入手，提高社会工作介入流浪乞讨人员救助的效果：一是促进机构能力建设，提高社会工作专业影响力；二是摆脱依附性合作，提高服务自主性；三是完善救助政策，开展专业救助。

本研究还存在一定的不足。社会工作的三大工作方法为个案工作、小组工作和社区工作，但在此次介入过程中，由于救助对象的流动性和分散性强，难以建立相对稳定的小组，因而无法研究小组工作在介入流浪乞讨人员救助中的作用。其次，研究过程中还存在一些调查不充分的地方，样本的代表性不足。

参考文献

[1]（美）Dennis Saleebey. 优势视角：社会工作实践的新模式［M］. 李亚文，杜立婕译. 上海：华东理工大学出版社，2004.

[2] 陈树强. 增权：社会工作理论与实践的新视角［J］. 社会学研究，2003（5）：70-83.

[3] 陈友华，祝西冰. 中国社会工作实践中理论视角的选择——基于问题视角与优势视角的比较分析［J］. 山东社会科学，2016（11）：73-79.

[4] 陈玉英. 关于中国乞丐和日本流浪汉现状的对比分析［J］. 内蒙古民族大学学报，2007（1）：6-7.

[5] 何国良，王思斌. 华人社会社会工作本质的初探［M］. 香港：八方文化企业公司，2000.

[6] 何洁云，阮曾媛. 迈向新世纪——社会工作理论与实践新趋势［C］.

香港：八方文化企业公司，1999.

［7］侯丽艳，梁平，张文镔．经济法概论［M］．北京：中国政法大学出版社，2014.

［8］康积萍．从社会排斥到社会融合：城市流浪乞讨人员救助政策沿革［J］．社会福利（理论版），2014（11）：26–29.

［9］李培林，王思斌，梁祖彬，等．构建中国发展型的社会政策——“科学发展观与社会政策”笔谈［J］．中国社会科学，2004（6）：4–24，204.

［10］李晓华，刘彬．认知行为疗法的理论及在精神疾病治疗中的应用研究进展［J］．当代护士（下旬刊），2017（6）：11–14.

［11］梁茂春．美国的“无家可归”问题与政府的救助政策浅析［J］．暨南学报（哲学与社会科学版），2004（6）：26–31，121.

［12］罗思洁．社会组织与地方政府的协同与互助［J］．人民论坛，2018（22）：82–83.

［13］马全中．政府向社会组织购买服务的“内卷化”及其矫正——基于B市G区购买服务的经验分析［J］．求实，2017（4）：44–57.

［14］裴小茹．发展型社会政策视角下社会工作介入社会救助研究［J］．社会福利（理论版），2012（11）：26–28.

［15］王帆宇．社会组织参与社会治理：现实困境与优化策略［J］．湖北社会科学，2018（5）：38–45.

［16］王思斌．社会工作导论．［M］．北京：高等教育出版社，2013.

［17］王伟标，李鹏展．新形势下流浪乞讨人员的现状分析和对策思考［J］．江西公安专科学校学报，2004（3）：5–10.

［18］赵琪．流浪乞讨人员救助的社会工作介入策略探究［J］．法制与社会，2017（31）：150–151.

［19］Axel son，T. E. & Dail，W. G. The changing Character of Homelessness in the United States［J］. Fly Relations，1995，12（1）：463–469.

[20] Red burn, F. Stevens and Terry F. Buss. Responding to America's Homeless [J]. Public Policy Alternatives New York, 1986, 13 (1): 237-302.

附　录

附录1　遇困人员接受社会救助的意愿调查

一、基本情况

1. 您的性别是(　　)

2. 您的年龄是(　　)

3. 您的户籍所在地为(　　)

4. 您在这里（柳州市）有多长时间？(　　)

A. 不足3个月　　B. 3个月—6个月（含）

C. 7个月—1年（含）　　D. 1年以上

5. 您家中有(　　)口人？

6. 您家中需要照顾的人员有(　　)（可多选）

A. 老人　　B. 孩子

C. 残疾人　　D. 无

E. 其他

7. 您在这里的居住情况是：(　　)

A. 有自己的房屋或租房　　B. 每天寻找临时居所

C. 自行搭建简易住所　　D. 固定居住于公共建筑内

E. 其他

二、受助情况及受助意愿

1. 您流浪的原因是？(　　)（可多选）

A. 临时失业　　B. 钱财花光且无其他收入

C. 找不到工作　　D. 上当受骗

E. 钱被偷光　　F. 补贴家用

G. 无家可归　　H. 流浪是自己的生活方式

I. 因患精神病走失　　J. 无赡养人

K. 其他

2. 您接受过救助站的救助吗？(　　)

A. 接受过________（救助站名称）的救助

B. 无

3. 您接受过几次救助？(　　)

A. 0 次　　B. 1—3 次

C. 3 次以上

4. 您接受救助的途径是？(　　)（可多选）

A. 主动求助　　B. 警察协助救助

C. 城市居民推荐救助　　D. 救助站工作人员主动提供救助

E. 其他

5. 您对救助是否满意？(　　)

A. 满意　　B. 不满意

C. 一般

6. 您对救助不满意的原因是(　　)（可多选）

A. 救助服务的内容单一　　B. 救助站服务质量差

C. 不喜欢救助站的环境　　D. 救助物资少

E. 救助站救助方式单一　　F. 其他

7. 您愿意接受救助吗？(　　)

A. 不愿意　　B. 愿意（跳至 9）

8. 您不愿意接受救助的原因是(　　)（可多选）

A. 不知道救助政策　　B. 不知道救助站地址

C. 不清楚是否符合救助条件　　D. 不愿意和他人接触

E. 不满意救助方式和内容　　F. 选择流浪，无需救助

G. 害怕被遣送回原籍　　H. 其他

9. 您希望从救助站获得哪些救助？（　　）（可多选）

A. 医疗救助　　B. 回乡救助

C. 提供住所　　D. 提供食品、衣物救助

E. 长期提供生活救助　　F. 提供心理辅导或社工服务

G. 其他

附录2　流浪乞讨人员个案访谈提纲

一、个人基本情况

姓名、年龄、籍贯、文化水平、婚姻状况、流浪时间、健康情况、居住情况。

二、家庭成员情况

1. 家庭成员数量及构成。

2. 是否有一起生活的亲属？

3. 家庭关系是否良好？是否有矛盾？

三、基本生活现状

1. 经济来源有哪些？

2. 享有哪些福利政策？

四、个体的主观行为

1. 个人对当前生活的看法。

2. 经济困难时，会做怎样的努力？

五、接受救助的情况

接受救助的地点，接受救助的次数，接受救助的内容。

六、对救助的满意度

对救助内容、救助工作人员及救助环境的满意程度。

第七章　本外沟壑：“村改居”社区女性流动人口融入困境研究

伴随中国城市化进程的不断加快，传统的农村社区在城市化的影响下发生了一系列的非农化转变，“村改居”社区在建设过程中延续了一般社区的基本构成和主要特征，但作为城市化进程中“过渡型”的产物，它又具有与纯粹状态下的城市社区和农村社区所不同的特点。而生活在“村改居”社区的流动人口，无疑面临着更为特殊的融入困境，尤其是较为弱势的女性流动人口。基于此，以深圳市大鹏新区东山社区为例，通过实地研究，用参与式观察法与访谈法研究分析在“村改居”社区中女性流动人口的融入困境，包括就业问题、家庭关系、社区管理等。同时从社会工作专业的角度和价值观进行分析，试图分析“村改居”社区女性流动人口融入困境的成因，并有针对性地提出建议与对策。采取以小见大的定性方法，希望通过对女性流动人口个体、家庭、所在社区环境这几方面的调研来解决融入困境问题。

一、引言

（一）研究缘起及研究背景

1. 研究缘起

笔者发现深圳市东山社区（“村改居”社区）流动人口占社区总人口的比重很大，以渔业和旅游业为主，本地居民多为渔民，世代居住于此；外来流动人口多以旅游业和渔业捕捞养殖从业人员为主。但是，外来流动人口和本地户籍人口之间的交往交流存在较大的嫌隙，社区气氛虽然平静，但社区人群地域划分较明显，本地居民与流动人口很少进行交流沟通，尤其是妇女、家庭间缺乏互动，社区氛围冷清，女性流动人口家庭的社区融入度极低。所以，笔者想通过对"村改居"社区女性流动人口社区融入的探究，找寻提升外来妇女家庭社区融入度的办法，促进"村改居"社区的融洽氛围与和谐发展。如何提升女性流动人口家庭的社区融入程度，无疑是当前国家城镇化发展"村改居"社区建设的一大重点和迫切需要解决的难题。

2. 研究背景

伴随中国城镇化建设脚步的加快，城市空间在不断拓展（顾永红、向德平、胡振光，2014），城区面积在不断增加，城市化水平也在不断提升，而位于城市边缘地带的农村地区或者"城中村"无疑成了城市扩张的重点地带，进而社会上逐渐出现了一种较为特殊的社区类型——"村改居"社区。"村改居"社区主要是指将农村户口改变为城市户口，将村委会转化成社区居委会所形成的社区。作为城市化进程中的过渡型社区，它一方面消除了城市发展中的某些体制障碍，进一步加快了城镇化的步伐；另一方面，"村改居"工程是一项涉及基层社区建设、集体资产处理、居民身份转换、公共服务延伸等问题的系统性工程，也面临着许多的社会治理困境，是当前城市化进程中矛盾较为突出的问题之一。在中国寻求社会转型，通过城乡一体化带动社会建设的历史潮流下，传统的农村社区发生了一系列的非农化变迁，形成了其独有特性。"村改居"社区在建设过程中延续了一般社区的基本构成和主要特征，但作为城市化进程中过渡型的产物，又有它特有的社会属性，具有与纯粹状态下的城市社区和农村社区所不同的特点。比如：城乡结合的物理空间、"亦城亦村"的生活场域、居住人口结构复杂、流动性强、纷杂繁多的社区管理等。

伴随着城乡流动人口的大量迁移，过去跑单帮式的个人流动逐渐开始演变为以家庭为单位的家庭式迁移。在家庭迁移过程中男性处于主导地位，而女性处于从属地位，我们将这些与丈夫一起流动的已婚女性称之为“女性流动人口”。在结构形态复杂、人群场域相对独立的“村改居”社区中，这些女性流动人口的社区融入问题就更加雪上加霜。据东山社区资料统计（截至2020年），东山社区总人口共2630人，其中本地户籍391户，人口为1154人；流动人口718户，人口为1476人。社区常住人口平均在2200人左右，妇女人口为692人，其中本地户籍妇女为339人，女性流动人口为353人。从数据资料中可以得知，在东山社区中，流动人口比重大于本地户籍居民，且两者妇女人数相当；而本地居民与女性流动人口之间存在隔阂，女性流动人口社区融入度低，无疑会影响社区的和谐发展与共同治理，从而衍生出更多的社区问题。以小见大，在中国城镇化进程飞速发展的今天，各地“村改居”社区的融入问题，也必将形成一个重要的社会治理课题。

（二）研究目的与研究意义

1. 研究目的

本章研究的对象是在“村改居”社区中因多种因素较难融入社区生活从而造成生活困境的女性流动人口，主要是通过对此种类型人群社区融入度低的形成原因、造成的生活困境以及带来的社会影响等各种方面相关因素进行分析，找出这些社区融入度低的女性流动人口的共同特征，并且希望通过深度咨询、妇女小组工作、社区活动等手段提升女性流动人口的社区融入度，从而改善本地居民与流动人口间的关系，促进社区和谐发展，协调居民共同建设。本研究既有理论方面的探讨，也有实务上的开展，主要目的就在于通过这两个方面的共同作用，能够对社会工作在“村改居”社区女性流动人口社区融入介入的研究做出一定的努力。

2. 研究意义

（1）理论意义

首先，丰富了学术界对女性流动人口社区融入问题的研究。现存的社会工作研究大多关注流动人口城市融入的问题、城镇化发展中社区建设与社区融入的问题（王艳，2014），少有将社会工作方法运用到“村改居”社区和在此类社会结构中女性流动人口家庭的社区融入研究中。由于"村改居"社区是一种较新型的社区模式，目前关于相关领域的研究较为匮乏，而鉴于妇女在家庭关系及社会发展的重要程度，进行女性流动人口在"村改居"社区的社区融入问题研究无疑为这一空白提供一些经验和看法。

其次，丰富了社会工作方法在妇女社区融入问题中的工作方法探究。笔者认为本研究通过实务性社会工作方法的探究，总结女性流动人口社区融入度低的形成原因和解决策略，探索提升女性流动人口家庭社会融入度的方式，能够丰富社会工作中社区融入实务工作的开展。

（2）现实意义

首先，有利于提升"村改居"社区女性流动人口的社区融入程度，促进社区和谐与发展，通过社会工作的专业工作方法和特有人文关怀，提升这些女性流动人口的社区依赖度和接纳度，提升她们对于丰富社区生活、参与社区建设的积极性，并通过促进本地妇女对女性流动人口的接纳程度，营造良好和谐的社区生活与文化氛围，促进社会发展。

其次，补充社会工作妇女家庭领域在"村改居"社区等特殊类型社区社会工作的工作方法与策略参考。本研究通过对女性流动人口社区融入度提升策略的研究，挖掘女性流动人口社区融入过程中生存和发展需要，探索更为多元的社会工作方法及社会支持网络。为女性流动人口社区融入度提升总结有效的方法，有利于妇女家庭领域社区融入社会工作的推动与开展。

（三）研究内容和研究方法

1. 研究内容

本研究采用质性研究方法，通过实地研究，深入到"村改居"社区女性流动人口的生活背景中，探讨社工介入流动人口社区融入的工作过程中，从流动人口与本地户籍居民、流动人口生活困境与社区工作站服务局限性、流动人口归属愿景与本地传统思想隔阂这几方面的冲突矛盾来进行探寻，并从流动人口现状、社区工作站工作方向来理解和分析造成融入困境的原因以及解决对策。

2. 研究方法

（1）观察法

观察法（Observational Method）是一种实地研究方法，是指研究者运用自身感官或者借助仪器，直接感知并记录与研究目标和研究对象有关的，正在发生的社会事实的过程。笔者采用的是参与式、无结构式实地观察，即不带任何理论预设地参与到研究或资料收集的对象的生活背景中，观察的内容也不做事先统一的规定。这种研究方法优点是在没有“先入之见”的情况下对所研究社会事实进行探讨，避免或减轻研究者把自己的看法和观点强加给参与者试图理解的社会世界，是获得有关社会事实真实图像的最好方法。

（2）无结构访谈

无结构访谈又称自由访谈或深度访谈，它只确定访谈主题或大致范围，然后调查者与被调查者围绕访谈主题自由交谈，调查对象可以不受拘束地表达自己的意见和感受；调查者事先会准备访谈提纲，但在访谈过程中问题随时产生答案也同时进行补充丰富。对于“村改居”社区女性流动人口的研究，因文化程度、生活环境的限制，对她们的访谈很难做到结构化，所以采用无结构访谈更容易让被调查者接受；在轻松的氛围下，调查者也能更详细地获取资料。

（3）文献研究法

本研究在阅读大量有关文献的基础上对相关概念进行了明确的定义。同时通过对国内外关于流动人口社区融入研究的文献进行分析研究，有利于笔者对该研究形成一个初步的概念认识，为进一步研究打下良好基础。

（四）文献综述

1. 有关“村改居”社区治理的研究

“村改居”社区作为一种城市化社区建设的过渡型社区，无论是治理过程还是社区模式与传统的农村或城市社区相比都具有较为明显的差异，并且仍然处于社会摸索的阶段。从我国现行的《中华人民共和国城市居民委员会组织法》和民政部《关于在全国推进城市社区建设的意见》等法规精神来看，“村改居”工程是一项涉及基层社区建设、集体资产处理、居民身份转换、公共服务延伸等问题的系统性工程（王思斌，2006），包含"土地权益、债权债务、基层组织建设与管理，以及基层居民社保等关系"的行政体系。"村改居"社区管理的内容包括六方面：撤销行政村改成社区居委会；依法征用集体土地转变为国有；集体资产的股份制改革；原集体用房和私房的产权所有化改革；农转非后与市区居民同等的权利和义务。

在中国寻求社会转型，通过城乡一体化带动社会建设的历史潮流下，传统的农村社区在城市化的影响下发生了一系列的非农化变迁，形成了其特有的独特性，"村改居"社区在建设过程中延续了一般社区的基本构成和主要特征，但作为城市化进程中"过渡型"的产物，又有它独有特性，具有与纯粹状态下的城市社区和农村社区所不同的特点。比如：城乡结合的物理空间、"亦城亦村"的生活场域、居住人口结构复杂、流动性强、纷杂繁多的社区管理等。而对于"村改居"社区治理的目标取向与建议分别是推动集体经济转型改制、理顺社区组织管理架构、积极培育社区社会资本、推动公共服务均等供给。

2. 有关女性流动人口社区融入问题的研究

从城市化理论视角来看，在女性流动人口社区融入问题中，妇女自我认知与权利意识的觉醒与传统家庭结构存在矛盾，对社会尊重的渴望增强与社会交往面窄之间存在矛盾。从性别理论视角来看，现代社会另一个重要的特点就是崇尚平等，在性别角度就是强调男女平等。但是，传统思想和观念是强调男权和夫权的，女性主义认为，女性在社会低下的地位和悲惨境遇，不是男性统治者所说的那样是天经地义，无论是女性的性别，或是女性的社会地位、身份和角色等，都是社会不平等的现实给予的，女性的地位是被建构出来的，她们自身并没有选择的权力和能力。男女平权意识和真正的权力平等都是很重要的，可是到了今天，女性的权利被忽视和被践踏的情况仍是十分严重。从家庭理论视角来看，主要就是女性流动人口在社会中就业的困境和其在家庭生活中的困境，比如家务繁重、夫妻关系、亲子关系等。

可以发现女性流动人口所面临的问题和困境有一定的特点：

（1）就业是女性流动人口群体中普遍存在的问题；

（2）社会长期形成的性别歧视和“标签化”等排斥现象是问题存在的关键；

（3）女性流动人口身体的弱势与较低的能力素质使她们面临一些特殊问题；

（4）面临的问题与困境多与现有政策和制度密切相关；

（5）个人自我认同度与能力差异对问题的解决影响很大；

（6）家庭在解决女性流动人口的社会融入问题中作用重大。

3. 有关社会工作在妇女家庭领域社区融入介入方法的研究

社会支持网络按构成要素分主要包括介入主体、介入客体、介入内容和方法及介入目标，因此本章在探讨社会工作对女性流动人口社会支持网络的介入情况时，也可以从这几个方面进行分析。社会工作可以介入的女性流动人口社会支持主体包括政府、社区、个人和社会工作专业自身四个方面；可介入的内容有情感支持、物质支持和交往支持等；主要的介入目标是为了提高女性流动人口对当地的融入程度；主要的方法则需视具体情况而言。探讨专业社会工作介入女性流动人口服务，从方法上可以从个案、小组和社区活动等入手，从内容上可以致力于提高全体女性流动人口的整体素质和主观能动性，也可以针对个别有问题的女性流动人口展开。结合女性流动人口的社会支持网络，社会工作对其的介入既可以是针对全体女性流动人口的情感、实际和交往支持，也可以是针对某些有突出需求的女性流动人口而言的。

综上所述，“村改居”社区女性流动人口社区融入基于社会上很多层面上的问题，涉及面广，涉及需求多，服务难度大。本研究基于社会工作服务方法，对“村改居”社区女性流动人口社区融入的问题进行研究，借鉴国内外学者对于“村改居”社区治理的意见、对女性流动人口家庭的社会融入问题的看法和社会工作介入妇女社区融入的建议，希望通过社会工作的专业方法，通过有针对性的妇女个案研究、妇女小组工作和妇女融入社区活动来促进“村改居”女性流动人口家庭的社区融入度，帮助她们提升主观能动性和社会参与的意识，从而融入社区。

(五) 相关概念界定

1. "村改居"社区

伴随中国城市化建设不断加快的步伐，从20世纪90年代开始，我国逐步开始了关于"村改居"的系统工作，位于城市中央或者城市边缘地带的农村地区开始卷入城市化的浪潮中。所谓"村改居"是指在农村地区建制实施"农转非"，即农业户籍转变为非农业户籍，村民委员会改变为社区居民委员会。"村改居"是城市化过程中发展起来的一种特殊的过渡型社区模式，在建设过程中延续了一般社区的基本构成和主要特征，但作为城市化进程中过渡型的产物，又有它特有的社会属性，具有与纯粹状态下的城市社区和农村社区所不同的特点，所以这种社区模式需要新的社区治理方式。是要沿用原来的村民治理的模式，还是套用城市社区居民治理模式，这是"村改居"社区在治理问题上所面临的困境。

2. 流动人口

流动人口（recurrent population），是指离开户籍所在地的县、市或者市辖区，以工作、生活为目的异地居住的成年育龄人员。国外一般称为人口流动。流动与迁移是两种既相似却又有所区别的状态，流动人口与迁移人口虽然都进行了空间的移动，但迁移是在永久变更居住地意向指导下的一种活动。人口流动主要是从农村向城市流动，从经济欠发达地区向经济发达地区流动，从中西部地区向东部沿海地区流动。流动人口根据流动性可以分为常住流动人口和短期流动人口，常住流动人口一般指在该地区居住较长的一段时间（如5年）。目前流动人口的行政管理以公安部门为主，主要负责流动人口的治安管理问题；劳动和社会保障，卫生，教育，计划生育等部门分别管理流动人口的不同生活领域。

3. 融入困境

本研究的融入困境指的是在"村改居"社区中女性流动人口的社区融入困境（李鑫，2014）。流动人口融入新社区主流文化圈的意愿与机会相对缺失。其一，语言沟通存在一定障碍。大多数人都能听懂普通话，但听不懂更不会说流入地的方言。其二，流动人口对流入地的风俗习惯较为陌生，缺乏真正融入新社区主流文化的意愿。流动人口的身份认同与角色认知存在不同程度的偏差。身份认同是社会融入的最高层次。由于城乡差异的客观事实，流动人口特别是新生代农民工由于拥有常年在外打工的经历，一方面，他们十分追求更为优渥的物质生活，无法再认同过去的贫穷生活，不愿回到家乡；另一方面，又不认为自己是社区居民，这就使得他们处于非城非乡、进退失据的“边缘人”状态，强化了其“过客心态”与“打工心态”，削弱了其对城市社会的归属感。

二、东山：一个村改居的社区

（一）东山社区女性流动人口概况

据东山社区资料统计，2020 年，东山社区总人口共 2630 人，其中本地户籍 391 户，人口为 1154 人；流动人口 718 户，人口为 1476 人。社区常住人口平均在 2200 人左右，妇女人口为 692 人，其中本地户籍妇女为 339 人，女性流动人口为 353 人。而东山社区是典型的在城镇化扩张时期由农改非的“村改居”型社区，虽然表面上行政结构与城市社区无异，但是社区的实质及社区内生活的居民还是保留了乡土中国式的农村气息及文化。从数据资料中可以得知，在东山社区中，流动人口比重大于本地户籍居民，且两者妇女人数相当；而本地居民与流动人口之间存在隔阂，女性流动人口社区融入程度低。东山社区妇女文化及教育程度普遍偏低，社区活动参与程度总体也偏低。社区文化氛围不足，尤其缺乏文娱康乐活动，但邻里之间关系良好，生活节奏缓慢。居民相对比较保守，本地居民与流动人口居民在生产生活，交流沟通方面存在隔阂。妇女之间信息传递主要依靠工作站或服务点负责人下达各村妇女小组长，再由妇女小组长传达到各村妇女之中。妇女主要时间用于工作、务农、出海、做家务还有带小孩上。

（二）东山社区女性流动人口融入困境的突出问题

1. 流动人口与本地户籍居民的生存冲突

东山社区的渔业资源和旅游资源丰富，位于大亚湾海岸线西侧，拥有 23.7

公里绵延的海岸线（其中包括深圳最美沙滩之一——桔钓沙、深圳最美溪谷——杨梅坑等），财政收入主要以旅游业和渔业为主。随着社会的不断发展，过去的小渔村也逐渐演变成滨海旅游胜地。据社区资料显示，在东山社区的流动人口中，42.7%从事与旅游业相关的行业（饭店、海鲜排档、山庄、酒店民宿等），28.4%从事渔业捕捞或养殖（渔排养殖、渔季捕捞等），19.8%从事企事业单位或工厂等相关行业（边防站、东山珍珠厂、南海海洋研究基地等），9.1%从事其他行业。而本地户籍居民分为两类，即常住居民和非常住居民（早年移居海外或港澳等地，两地都有房子可供居住的，或者在外工作，基本在工作地居住很少回来的），其中常住居民几乎都以旅游业和渔业维持生计，在旅游淡季以捕鱼为生，在旅游旺季或歇海禁捕时则以旅游业为生，所以在生存上，流动人口与本地居民共同生活在一片区域并同时使用当地自然资源谋求生计，本地居民感觉资源被占有和掠夺，尤其是伴随旅游业的兴旺，外来谋求生意的流动人口越多，越容易加深本地居民的排斥情绪，加深本地居民与外来人口的隔阂。

2. 女性流动人口社区关系建立与本地传统集群式生活的交往困境

东山社区地形狭长，下辖7个居民小组（东山村、沙埔村、高岭村、荔枝山村、大碓1组、大碓2组、杨梅坑村），距离最远的沙埔村和杨梅坑村相距将近13公里，每个居民小组的本地户籍居民大都是一个大家族的人，比例最高的居民小组将近70%都是一个家族的人。比如沙埔村以钟姓家族为主、高岭村以叶姓和刘姓家族为主，所以本地居民的生活交际圈相对比较固定、集中且封闭，日常生活中与自身家族的人际交往较为紧密。居民小组之间的本地居民联系不多，本地居民与流动人口之间的交流更是少之又少。而社区中的劳动力以男性为主，女性价值一般体现在家庭生活和社区关系中，日常的社区交流基本通过打牌、打麻将或者参与社区活动来维系，基本都是本地居民自成一派。

案例1：小王，24岁，随丈夫一同从惠州到杨梅坑的七星湾酒店从事服务工作，居住在杨梅坑，日常工作之余基本都是和同在酒店上班的姐妹（同是流动人口）一起打打牌，或者在海边散步吃烧烤，酒店里也有很多的本地居民，但是平时的生活中，并不会产生太多接触。“都是自己玩自己的”，小王说基本都是本地人和本地人玩，外来人和外来人玩，渐渐地社区活动她们也很少参加，一是本地人和外来人一起的活动氛围很尴尬；二是很多社区活动也没她们份，基本都是本地户籍居民才能参加。

案例2：小简，7岁，生活在东山社区流动人口聚居的东山码头，就读于最近的外来农民工子弟小学——布新小学，随父母到东山近2年的时间。“社工，我很喜欢交朋友的，刚开始来的时候在操场玩，看见有小朋友我都会过去打招呼，但是有些本地人不喜欢和我们玩，比如小雨（本地小朋友）刚开始和我玩得很好，后面上小学，她读南澳（本地户籍就读小学），我读布新，然后平时她爸妈也不让她和我们外来小孩玩，现在就很少联系了。”

通过访谈案例可知，本地居民与外来流动人口之间生活交往较为疏离，生活圈都维持在自己的小圈子里，并且本地人和流动人口的融合度也较低。而在社区生活和社区关系网建立上，不用承担家庭收入重担的妇女无疑起到了至关重要的作用，在访谈的将近20个妇女中，70%的女性流动人口希望多与本地妇女建立联系，30%的流动妇女做出过尝试，但是本地妇女绝大多数不愿意与流动人口产生过多的联系，更别说是深入的家庭关系发展。

3. 女性流动人口生活困境与社区工作站服务局限性的服务困境

因为很多女性流动人口是以家庭迁移的形式来到新的生活环境，且文化水平不高，社区融入度不佳，对家庭的依赖度较重，又因为流动人口的身份在新环境生活有很多的局限性。比如自己生了病，要考虑到家里的小孩照管问题，丈夫的工作时间问题、家庭经济情况等问题，往往小病就随便拖延过去；尤其是从事渔业捕捞和养殖的渔民家庭，首先是社会意识较低，很多生活证件办理不齐全。其次是很多流动人口渔民租住在当地特有的“渔排”上，出行只能靠船，交通及生活很不便利，且出现问题时不易被外人发现，造成了女性流动人口的生活困境。

而社区工作站方面，因为是“村改居”社区，虽然表面上已经“农转非”

不断城市化，但是实质上磨合期的"村改居"社区还保留着深重的农村传统工作模式，注重本土利益，不容外人侵犯；工作站大部分的工作人员尤其是主要工作人员也都是本地居民，所以在"村改居"社区工作者的潜意识里，流动人口似乎并不属于他们工作所要负责的范围。很多由工作站组织的社区建设，社区活动及社区福利基本不会考虑到外来流动人口头上。

案例3：社工A在2020年三八妇女节前夕与社区妇联主任沟通关于妇女节社区游园活动的事宜，妇联主任明确指出，参与活动的妇女以本地户籍居民为主，不需要通知女性流动人口参加游园活动，且奖品数量的设置也不考虑流动妇女的数量。不仅于此，日常的大多社区活动也大都以本地户籍居民为核心，且本地户籍居民对于外来人口一同参与活动的态度是反感的，认为这侵占了她们的资源。

如同案例中的情况，有时候由于本地居民的不接受以及社区工作人员也多为本地居民，一方面是照顾本地居民情绪，另一方面也是继承过去农村村委会时期的办事风格，所以对于外来流动人口的关注一向较低，甚至对于外来流动人口需求的处理也较为淡漠，流动人口的需求基本是通过社区社工开展的针对流动人口的活动才能实现。

三、"村改居"社区女性流动人口融入困境的研究及分析

（一）"村改居"社区女性流动人口融入困境的表现

1. 个人方面：自主独立性弱，个人诉求得不到满足

因为身处异地，周围缺乏熟悉的人际关系网，在日常的生产生活中多以家庭为中心，很多诉求的实现只能依赖于丈夫，由于女性流动人口大多来自经济条件更为落后的农村地区，所以结婚普遍偏早，学历低，自我独立性差。有些妇女在原居住地时还有亲近的人，到了新环境后，由于不熟悉，且当地人不爱与流动人口相互联系，在开展社区活动时一般不会通知社区里的流动人口参与，所以流动人口难以融入新的社区环境中去；且东山社区地处相对偏僻，周边娱乐场所较

少，居民娱乐消遣基本依赖于社区活动或者打牌、搓麻，流动人口的娱乐需求很难得到满足，一般都是与同是流动人口的家庭联系，聚集成自己的小圈子，社区参与程度很低，受内外因的影响融入度较差。

2. 家庭方面：对丈夫和孩子的依赖性过强，容易产生危机

案例 4：许姐，37 岁，和丈夫一同从梅州来到东山社区已有 6 年的时间，家里主要由丈夫出海打鱼为生，作为一名家庭妇女，她育有两女两男，大女儿 14 岁、二儿子 12 岁均在老家，三儿子 8 岁、四女儿 2 岁跟在身边，日常主要以照顾丈夫和孩子的日常起居为主，生活清贫，租住在海边一套一居室的民房里，任何需求及外出的决定都会和丈夫进行商量，外出也会配合丈夫与孩子的空闲时间。经了解，她过去在老家还很爱聊天、参与村里集会。她到东山社区以后，由于没有认识的人，语言沟通存在障碍，且丈夫外出时间不固定也很辛苦，所以基本窝在家里照顾家人的衣食起居。

类似于许姐一样的流动妇女还有很多，她们的生活完全由丈夫及孩子主宰，主要的家庭生活来源于丈夫的努力工作，主要的生活精力基本奉献给孩子的日常照料，一旦哪一方面出现了较为严重的危机，对于流动妇女来说都是致命的打击。

3. 社会方面：生活人际圈窄，社会资源少，极少能参与社区活动

作为社区生活交际核心的妇女，在社区生活和社区关系网建立上无疑起着至关重要的作用，但由于“村改居”社区存在根深蒂固的当地农村文化传统，对于外来人口往往采取抗拒和不接纳的态度，所以本地妇女和外来流动妇女的融合度较低，虽然女性流动人口希望多与本地妇女建立联系，并且部分流动妇女做出过尝试，但是本地妇女绝大多数不愿意与流动人口产生过多的联系，更别说是深入的家庭关系发展。加上被动的生活环境，较匮乏的社会资源基础（罗艺，2011），更突出了东山社区女性流动人口的社会融入困境。加之，“村改居”社区工作站的工作模式具有局限性，使得女性流动人口极少能参与社区活动（除社工开展的或者文件注明针对流动人口的活动），更加剧了她们的社区融入困境。

（二）"村改居"社区女性流动人口融入困境问题的成因分析

1. 个人原因：女性流动人口就业难

因为女性流动人口多是由于家庭迁移的方式来到新的生活环境，承担的社会角色相对比所需承担的家庭角色少很多，从传统的农村家庭模式到现实的低收入流动人口家庭来看，家庭收入一般依靠男性，而女性更多的是做好"贤妻良母"的角色，照顾好一家人的衣食起居，家务繁重，生活被动。在东山社区访谈的将近20个女性流动人口当中，有固定工作的占15%，随丈夫一起做生意或者一起出海的占40%，专心在家做全职家庭主妇的占30%，还在读书的占15%。很多女性流动人口学历不高，并且在东山社区这一类以旅游业和渔业为主的社区，就业领域受行业分布、社会资源和淡旺季影响程度重，由此可见由于生活因素或者社会因素确确实实造成了女性流动人口就业率低、就业难的情况。

无论是一起流动还是后续跟进，作为随迁的女性流动人口都面临着因为生活和劳动就业环境的急剧变化而不得不对自己的职业发展和生活重新进行设计和选择的困境。女性流动人口这种选择跟随丈夫流动的方式，使得她们较少会主动去适应流入地的环境，因为她觉得自己可能不定时就要跟丈夫一起离开。这种"过客"心态，使她们对流入地难以产生归属感，始终保持一种"陌生人"的心态，进而也会影响女性流动人口的社会融入状况。

2. 家庭原因：家庭任务重，社交生活受丈夫和孩子的牵绊

在家庭迁移中，男性是家庭的经济中心，而妇女则是家庭的生活中心，她们承担着家里大部分的家务、对丈夫的照顾和对子女的教育等。同时，她们与男性流动人口相比，受教育程度、经济收入更低，更容易受到不平等对待，社会融入状况也更差，并且大多数妇女为了照顾家庭会选择牺牲自己的发展。

案例5：群姐，41岁，和丈夫一同从潮州来到东山社区已有5年的时间，家里同样是以丈夫出海打鱼为生，她在东山社区做保洁员。家里有两个小孩，一个（上）初中一个（上）小学，平时除了每天2个小时保洁员的工作，就是照顾丈夫孩子的三餐起居。社工询问其要不要参加社区的妇女小组或者妇女活动，她的

回答略显无奈：“时间安排是怎样的？我平时要给老公和孩子做饭，早上和下午还要搞一个小时工作站的卫生，周末也没空，要在家看孩子，其他时间如果有活动你再通知我吧。”

类似于群姐情况的女性流动人口还有很多，她们的时间往往不能按照自己的想法安排，很多时候是根据丈夫和孩子的时间来安排自己的时间；有些没有固定工作的妇女偶尔还会带着孩子一起随着丈夫一同出海，社会生活很少，基本是以家庭为主，参加社区的活动也要看空余时间上吻不吻合。

3. 社会原因：“村改居”社区流行的重本思想（张钰唯，2015），对外来人口较为抗拒

磨合期的“村改居”社区还保留着深重的农村传统工作模式，注重本土利益，不容外人侵犯，工作站大部分的工作人员尤其是主要工作人员也都是本地居民，所以在“村改居”社区工作者的潜意识里，流动人口似乎并不属于他们工作所要负责的范围。很多由工作站组织的社区建设，社区活动及社区福利基本不会考虑到外来流动人口身上。

案例6：社工B是新来的负责社区妇女家庭领域的社工，有一次在举办大型的妇女社区交流会活动前，她通知东山社区7个居民小组的妇女小组长向各居民小组传达活动信息，并要求妇女小组长顺带通知生活在各居民小组里的流动人口妇女，但是妇女小组长们均表示以前的活动都没有通知过流动人口，并且她们并没有居住在本小组内的女性流动人口信息，也没有尝试去了解和记录，因为她们认为不需要。

如同案例中的情况，由于本地居民对外来流动人口的排斥，以及社区工作人员多为本地居民，一方面是照顾本地居民情绪；另一方面是继承过去农村村委会时期的办事风格，所以对于外来流动人口的关注一向较低，甚至对于外来流动人口需求的处理也较为淡漠，流动人口的需求基本是通过社区社工开展的针对流动人口的活动才能实现。

四、社会工作介入"村改居"社区女性流动人口融入困境的对策

（一）对解决"村改居"社区女性流动人口个体困境的对策

女性流动人口是主要的服务对象，一切其他的服务都是以女性流动人口为中心的，因此，对于女性流动人口本人的服务是最重要的，也是其他服务能够发挥功效的基础。

1. 联系社区资源，加强解决社区女性流动人口的就业问题

在社区工作站的就业工作当中，社区就业服务可以在原有针对社区无业青年的基础上，将关注的焦点转向流动人口内部（刘芳、高万红、杨月明、莫佳妮，2011），以往社区的公共服务岗位大都是安排"40、50"人员的，但随着下岗人数的减少，这样的职位可以逐步向女性流动人口开放。同时，可以利用社区服务平台为女性流动人口提供就业咨询和就业服务，把解决女性流动人口就业作为社区就业服务的重点工作来做。还可以联系并汇总社区内大大小小酒店、餐馆、民宿的兼职信息（张文霞、朱冬亮、邓鑫，2004），让女性流动人口有机会充分协调工作与生活的安排，通过参与工作寻求自我价值和独立自主性的提升。

2. 提供倾听和宣泄的渠道，疏导心理情绪

女性流动人口社会交往面窄，缺少朋友，并且有很多她们担心会被别人笑话或歧视的各种各样的问题，平时生活中不会有人来倾听她们的这些事情。女性流动人口在城市生活中有许多的不满与郁闷情绪无人能诉说，时间久了就容易堆积在心里影响心理健康。社会工作者首先应该作为支持者，让她们感受到社会上是有人会来帮她们的，她们并不孤单。社会工作者既具有专业的保密守则，同时又具备专业素养和多方面的知识，可以使女性流动人口尽情倾诉她们遇到的问题和心里的苦闷，给予心理上的安慰与支持。同时社会工作者还可以给予建议和帮助，鼓励女性流动人口对生活保持信心和勇气，从而建立良好的专业关系；此外，可以在这个过程中获取信息，了解女性流动人口的需求与困境，便于下一步服务计划的制订。

3. 安排针对性的妇女小组计划和活动

安排女性流动人口参加合适的小组活动，帮助女性流动人口形成权益意识，增强自我独立性，扩大自身的社会支持网络，找到群体归属感和彼此支持的力量。根据访谈情况，很多女性流动人口所遇到的问题和困扰有着高度的相似性，可以把具有相同或相近问题的案主聚集在一起，组成发展性小组或互助性小组，通过运用焦点小组的工作方法（侯亚非、张展新，2010），在组内分享应对这些问题的看法和处理的经验，给予彼此鼓励和支持，完善彼此的社会支持网络系统，通过组员对小组的归属感使组员找到心理上的依靠和信心。焦点小组与个案访谈相比有一些优点，对于一些难以启齿的问题，小组能够成为情感支持的来源，在和其他具有类似经历的人在一起的时候，这些人才可能会坦言相告。比如，对遇到生活困境的女性流动人口来说，她们因为各种原因，是不愿意将自己的遭遇讲出来的，就算是面对社会工作者，她们可能还是会不好意思说，而且对于社会工作者的建议并不一定会采纳。但是当10个都经历过生活困境的女性流动人口聚在一起时，每个人不会觉得自己是不一样的，不用担心别人会用异样的眼光来看自己，可以放松地说出自己的遭遇。同时，组员之间的出主意、给建议更容易被彼此认可和接纳。此外，通过一个阶段的小组聚会后，组员之间会产生深厚的友谊，间接地为女性流动人口扩大了朋友圈，这些组员在小组结束之后可以成为彼此的好姐妹，从而互相帮助，成为女性流动人口一个重要的社会支持系统。根据以往的经验，大部分组员在经过一个阶段的小组活动之后会变得更加开朗、积极一些。

（二）对解决“村改居”社区女性流动人口家庭困境的对策

因为女性流动人口的家庭困境主要与丈夫孩子有关，所以解决的落脚点应该是从丈夫和孩子入手，或者说是从家庭服务和家庭介入入手。对于流动妇女家庭的服务可以通过在对流动妇女个人和小组服务时，发现问题并进一步尝试干预，还可以借助社会机构的力量把服务内容开展得更为全面。同时，家庭服务的重要性还体现在：对流动妇女个人的服务需要家庭的力量来支持，而家庭中问题的解决也是帮助流动妇女的一个服务项目，因此在帮助流动妇女个人的同时，要开展对流动妇女家庭的介入和服务（孙琼如、叶文振，2010）。

一方面，通过了解家庭基本成员的性格、行为表现以及整个家庭中成员之间的互动方式，运用家庭治疗模式，协调夫妻关系，改善亲子沟通，对出现家庭问题的流动妇女提供专业辅导，帮助她们采取更合适的方式应对家庭问题，对遭到家庭暴力的流动妇女提供保护和法律援助。同时还可以帮助流动妇女与所在的社区和子女的学校进行沟通，帮助她们更好地了解不同地区对于流动人口家庭的一些扶助政策和规定，减轻养育负担。

另一方面，针对流动人口家庭多开展一些亲子沟通类活动（熊少严，2010），增加流动人口家庭家访的次数，让丈夫和孩子了解家庭里女性的需求并给予一定支持，比如时间安排的支持，妇女参加完活动后的家庭交流等，因为通过一段时间的服务，流动妇女会在生活和工作中发生变化，家庭成员的了解与支持是对她们很好的鼓励，也是进一步提升幸福指数和社区融入度的重要动力。

（三）对解决"村改居"社区女性流动人口社区困境的对策

当流动妇女在自身和家庭层面都已经有了新的提升时，社区居民与居委会对她们的排斥就成为她们以新的状态积极融入城市的最大障碍。而在我国，社会工作者的工作一般是依托于社区层面开展的，社区层面存在的问题不解决将会影响到整个服务的质量与效果。因此，社会工作者需要制订社区活动计划，将政府现有规定对社区所给予的资源照顾，与女性流动人口的需求进行合理对接。

1. 完善社区流动人口登记制度

社区可以完善流动人口登记制度。很多社区居委会对于户籍居民有很详细的信息登记，但对于流动人口却缺少基本信息的登记和了解。信息登记是服务的基础，居委会进行居民登记本就是自己的责任，因此社区必须完善女性流动人口信息登记制度和女性流动人口的健康状况登记制度。

2. 把女性流动人口纳入社区服务对象范围中

制订社区服务计划，把女性流动人口纳入社区服务范围中（任远、乔楠，

2010)，使她们能够与城市居民一样获得各种生活服务和卫生医疗服务。在一些女性流动人口聚居的社区，社区可以加强对流动人口生活环境的服务。比如一些传统的针对女性的社区服务和社区活动，类似于社区妇女身体健康普查普治、社区三八妇女节等，应该把女性流动人口也纳入活动对象之中。

3. 促进社区女性流动人口与社区居民的交往

促进农村流动妇女社会融入的重要方面就是社区融入，社会工作者可以通过促进农村流动妇女的社区交往，帮助她们树立社区居民意识，帮助她们形成适合现代城市生活的生活习惯和行为。通过共同参与社区事务和社区活动等各种方式促进社区对农村流动妇女的接纳。在这个过程中，社会工作者可以运用多种策略，通过社区宣传、社区动员、社区教育等方法调动各方积极性，共同协商促进农村流动妇女的社区融入。同时，在社区层面通过组织活动、加强宣传等方式宣传流动人口形象中积极正面的一面，逐渐消除城市居民对流动人口的排斥，促进农村流动妇女在城市中的社会融入。

4. 合理运用社区工作模式（Zhao Pan、Yaobin Lu、Sumeet Gupta，2014）

可以运用地区发展模式，引入社会资源和力量，共同参与社区服务计划，达到资源的整合，提高效率。同时，可以将社会组织中的一些专业社会工作者与社区的社会工作者对接，共同服务于女性流动人口，将他们的一些优势资源引入社区，可以使流动妇女获得帮助，避免因为社区缺少相关资源而对一些问题无能为力的现象。还可以吸引社会志愿者和社会工作专业的学生，致力于帮助女性流动人口的活动中，在保持较低成本的前提下为女性流动人口提供更多的服务和帮助。

五、结论与反思

本章聚焦于家庭迁移中女性流动人口的社会融入困境，关注女性流动人口在现代化进程中所遭遇的问题，从城市化理论视角分析女性流动人口从传统到现代、从农村到城市所承受的张力和矛盾，从性别理论和女性主义视角分析性别因素对女性流动人口造成的困境和不平等，从家庭视角分析女性流动人口在家庭生活中所面临的问题，以及就业方面所受到的来自家庭的影响和约束。

本研究只是在一定的理论视角下探讨了女性流动人口的社会融入问题，难免有不能包含的部分；同时，受到研究方法和访谈数量的限制，研究结果会有一定的局限性，只能说这些结论是被发现的问题中的一部分，对于更加完整的问题结论，将会在以后的研究中不断加以补充与完善。

参考文献

[1] 翟振武，侯佳伟．北京市外来人口聚集区：模式和发展趋势 [J]．人口研究，2010，34 (1)：30-42.

[2] 冯晓英．论北京"城中村"改造——兼述流动人口聚居区合作治理 [J]．人口研究，2010，34 (6)：55-66.

[3] 顾永红，向德平，胡振光．"村改居"社区：治理困境、目标取向与对策 [J]．社会主义研究，2014 (3)：107-112.

[4] 侯亚非，张展新．流动人口的城市融入：个人、家庭、社区透视和制度变迁研究 [M]．北京：中国经济出版社，2010.

[5] 李鑫．"村改居"社区治理中面临的困境 [J]．山西大同大学学报 (社会科学版)，2014，28 (1)：16-18，47.

[6] 刘芳，高万红，杨月明，莫佳妮．社会工作促进流动妇女健康与发展的实践研究——以昆明市 Y 社区为例 [J]．社会工作 (学术版)，2011 (10)：33-36.

[7] 罗小锋．制度变迁与家庭策略：流动家庭的形成 [J]．安徽农业大学学报 (社会科学版)，2010，19 (6)：73-78.

[8] 罗艺．深圳"村改居"社区建设模式 [J]．特区实践与理论，2011 (3)：82-84.

[9] 吕青．社会工作实务 [M]．上海：华东理工大学出版社，2010.

[10] 孟庆洁. 上海市外来流动人口的生活方式研究 [M]. 上海: 上海社会科学院出版社, 2009.

[11] 倪洪兰. 流动人口社会融入的困境与对策——以苏南五城市流动人口的实证调查为例 [J]. 唯实, 2013 (10): 60-63.

[12] 任远, 乔楠. 城市流动人口社会融合的过程、测量及影响因素 [J]. 人口研究, 2010 (2): 11-20.

[13] 宋国臣, 顾朝林. 北京女性流动人口的家庭类型及其形成因素 [J]. 人文地理, 1999 (2): 16-19.

[14] 孙琼如, 叶文振. 国内外流动人口婚姻家庭研究综述 [J]. 人口与发展, 2010, 16 (6): 104-109.

[15] 王思斌. 社会工作概论 [M]. 北京: 高等教育出版社, 2006.

[16] 王艳. “村改居”社区流动人口社会融入问题调查研究——以昆明市王家营社区为例 [J]. 云南社会主义学院学报, 2014 (4): 61-63.

[17] 吴晓. “边缘社区”探察——我国流动人口聚居区的现状特征透析 [J]. 城市规划, 2003 (7): 40-45.

[18] 熊少严. 流动人口家庭化子女教育影响因素与支持策略 [J]. 青年探索, 2010 (4): 85-88.

[19] 张文霞, 朱冬亮, 邓鑫. 外来打工青年的社会支持网络与社会工作的介入——以深圳市宝安区外来打工青年为例 [J]. 中国青年研究, 2004 (9): 42-52.

[20] 张钰唯. 城乡一体化进程中“村改居”社区文化建设研究 [D]. 沈阳师范大学, 2015.

[21] Chan J H, Chane. Reconsidering social cohesion: Developing a Definition and Analytical Framework for Empirical Research [J]. Social Indicators Research, 2006, 75 (2): 273-302.

[22] Carter, B. &McGoldrick. The Expanded Life Cycle: Individual, Family,

andSocialPerspectives. [M] . Needham Heights, MA: Allyn&Bacon, 2004.

[23] Zhao Pan, Yaobin Lu, Sumeet Gupta. How heterogeneous community engage newcomers? The effect of community diversity on newcomers' perception of inclusion: An empirical study in social media service. [J] . 2014 (39): 100-111.

第八章　银发团结：老年人同辈人际关系修复与重建

同辈群体人际交往是城市低龄退休老年人晚年生活中的一个重要部分，同辈群体是促进老年人心理与社会健康发展的重要资源。在对G日照中心手工课堂成员人际关系冲突进行实地调查后发现，运用小组工作方法介入城市低龄退休老年人群体同辈人际关系，可以修复与重建老年人的同辈人际关系，改善老年人的老年阶段文娱生活、心理康健状况，促进城市低龄退休老年人的同辈群体支持系统构建。

一、引言

（一）研究背景、目的与意义

1. 研究背景

据国家统计局数据，截至2018年年末，60周岁及以上人口为24949万，占比17.9%。其中，65岁及以上人口为16658万人，占11.9%。与2017年末相比，老年人口比重持续上升，其中，60岁及以上人口增加859万人，比重上升0.6个百分点；65岁及以上人口增加827万人，比重上升0.5个百分点（中华人民共和国国家统计局，2018）。这么庞大的一个群体，在之前为国家和社会作出了巨大的贡献，现在理应妥善安排好他们的退休文化生活，老年人的幸福安康关系着社会的安定和谐，他们的健康快乐也是晚辈们最大的心愿。子孙后代必须要照顾好他们，这也是社会的责任和义务（中华人民共和国国家统计局，2016）。

2019 年的政府工作报告中，李克强总理 16 次提及养老，大幅超过上一年，继续对老龄化给予了高度关注，并且方向更加明确、重点更加突出，特别提出了“让老年人拥有幸福的晚年，后来人就有可期的未来”。老龄社会与和谐社会的发展是相辅相成的，我们要构建的和谐社会，是在人口老龄化的背景下进行的，老龄社会对和谐社会的构建会带来一些不利因素和困扰，但是也必须看到老年人所拥有的知识、经验都是宝贵的财富。老年人现在大多数比较健康，还可以为社会作出贡献。积极应对人口老龄化，丰富老年人的文体生活，让老年人能够更多地参与社会互动，构建和谐社区退休老年人同辈群体人际关系支持系统，促进同辈陪伴提高老年人身心健康状态，有利于共同来促进社会和谐。

随着经济和社会的发展，老年人生活水平的提高，他们也期待参与更多形式的文化活动来丰富自己的业余生活。通过不断创新社会管理方式和文化活动形式来满足老年人日益增长的精神文化需求，并把改革发展的成果让老年人共享，保障老年人文体活动的顺利进行，建立和谐同辈群体人际支持系统，减少和消除老年人精神孤独等问题，提升老年人的生活质量，进而让他们获得更多的幸福感。城市低龄退休老人作为这个群体中的一部分，工作和生活环境的改变会对他们产生重要的影响。他们应当在这个阶段调整好自己的心态，积极参与文体活动，做好自身角色的转变和继续社会化，以积极的生活态度安享晚年。在此背景下，选择城市低龄退休老年人群体，对他们同辈群体人际关系进行研究具有重要意义。

2. 研究目的

研究目的包括以下几个方面：一是了解退休老人的同辈群体人际关系现状；二是探索小组工作方法在解决退休老人社区同辈人际关系冲突中的运用，并评估小组工作介入退休老人同辈人际关系修复与重建的效果；三是在社会工作角度提出推动退休老人同辈人际和谐的建议。

3. 研究意义

（1）理论意义

本研究致力于运用小组工作方法介入城市退休老人的项目服务，一方面可以为城市退休老人这一群体的研究丰富研究内容；另一方面可以为城市退休老年人同辈人际关系修复与重建提供一种新的思路，丰富社会工作在老年人领域的研究内容。

（2）现实意义

本章通过对G日照中心老年人文娱活动现状的研究分析反映出当前我国老年人群体退休后文化娱乐工作方面出现的问题，并根据问题提出相关的建议，这有利于今后工作人员对老年人群体开展更加科学化、人性化、专业化的文娱服务。提高社区居家养老群体精神健康和文化娱乐的有效性，避免老年人群体同辈人际冲突现象的发生，同时也有利于老年人日间照料中心的工作人员拓展实际工作中的工作思路，丰富和完善他们在介入老年人同辈群体冲突工作方面的方法和技巧。

运用小组工作方法介入城市退休老人群体同辈人际关系，促进老年人身体、心理和灵性三方面的全面健康。其次，使其能够参与社区活动，发挥自身优势，实现自身价值。另外，在社区建设层面来说，本研究有利于提升社区为老人服务的水平，可以充分利用退休老人，丰富社区的人力资本，有利于实现社区资源与退休老人之间的良性互动，增进老年人同辈群体人际关系和谐，从而更加有利于实现积极老龄化，促进社区的和谐发展。

（二）文献综述

1. 老年人养老问题、服务方式及对策研究

陈壮艳认为老年人入住需求与床位供给有差距；专业化护理需求与护理人员短缺之间的矛盾；服务项目单一与老人多元化需求的矛盾；养老产业的延续性与机构租赁物业的不稳定性相矛盾（陈壮艳，2016）。郭丽娜、郝勇从服务的潜在需求和可供水平、三年动态的服务供需变化以及多地区服务供需状况对比这三个维度，考察了我国城镇居家养老服务供需状况，提出城镇居家养老服务整体上处于需求大于供给的状态（郭丽娜、郝勇，2018）。居家养老仍占主流，受传统孝道文化影响，如今的养老结构还是以居家养老为主，90%的家庭选择居家养老，6%～7%是社区养老，3%～4%是机构养老。

2. 老年人的社区参与及其社区归属感研究

张震华认为社会工作促进城镇老人的邻里沟通，扩展老人的社区关系网络；社会工作协助建立社区参与机制，鼓励城镇老人参与社区建设；社会工作参与改善社区关系，服务城镇社区老人提升社区归属感，社会推动社会工作介入城镇老人社区归属感提升，不仅可以有效提高老人的社区归属感，还可以加快社会工作的本土化（张震华，2018）。苗萌萌认为“性别”“收入”“职业”“与子女同住”“养老方式”“期望值”等六个变量对老年人休闲生活满意度有显著影响，在新的经济发展背景下，老年人的休闲意识逐渐变强，且不再局限于家庭或固有的“圈子”，老年人的休闲生活逐渐多元化（苗萌萌，2018）。顾蒙蒙认为社会工作介入老年志愿者培育的原则是关注优势、强化合作、挖掘资源，总结提出老年志愿者培育的过程主要为前期规划、招募、培训和活动四个阶段，在各个阶段中主要通过建立关系发现优势、建构优势清单、赋权激发潜能、整合资源发挥优势的方式进行老年志愿者培育（顾蒙蒙，2018）。

3. 老年人的精神慰藉及心理健康研究

王大曾分析了小组工作方法在解决“三无”老人精神慰藉问题上的应用价值，就今后如何推广使用该方法、保证实务效果提出了相应的建议，如：引进有经验的一线社工、建立专门为老人服务的心理咨询室、强化现有工作人员的综合素质、建立“三无”老人精神支持网络，更加有效地解决该问题（王大曾，2018）。刘长城认为小组工作方法在解决农村空巢老人的精神慰藉问题上能够起到一定的作用；农村空巢老人积极参与社会活动，在小组活动过程中交流，精神需求得到了一定的满足，并建立了有效的社会支持网络（刘长城，2018）。冯辉提出在实施团体治疗过程中应遵循循序渐进、由浅入深、逐步引导的原则，注意各种技巧（如关怀性聆听、正向回馈、接纳、经验分享等）的运用，及时发现老年人情感的变化，疏导因不良经历引起的负面情绪，合理应用引导物，以达到事半功倍的效果，在社区实施团体怀旧治疗有助于改善老年人的抑郁症状，降低抑郁发生率，孤独寂寞感得到缓解，提高老年人群的总体心理健康水平及晚年生活质量，对促进社会的健康老龄化具有重要意义（冯辉，2010）。

4. 社会工作介入老年人群体互助及人际交往研究

吴丹认为空巢老人、失独残独老年人等特殊老年人群体社会交往以及心理支持方面有所欠缺，无用感及孤独感是空巢老人面临的主要问题，根据特殊老年人群体的需求设计并实施小组活动方案，并对每一次的活动进行总结与反思，通过活动加强组员之间的互动关系，从而建立对小组的归属感，最终由互助走向自助，促进自我能力的提升（吴丹，2018）。赵红英用发展与互惠模式小组工作介入，引导老人们参与小组活动开展互助型小组，缓解丧偶独居老人的人际交往障碍，帮助老人正确地面对丧偶后的生活，增强老年人的社会互动（赵红英，2018）。王虹霞认为院舍内老年人互助支持网络的建构是为了缓解老年人在院舍生活当中的无助感、无力感，建构院舍当中老年人之间的相互支持网络的实践实现了老年人互助的氛围，使院舍当中老年人的晚年生活越发充满意义（王虹霞，2017）。雷焕平、黄婧雅等人认为通过小组活动，了解城市退休老人、农村老年人的需求，协助老年人提升权力感，减少无力感，激发老年群体的潜能，转化心态，树立信心，提高他们的社会参与能力，提升角色认知和社会适应能力，调整好角色定位，快乐地安度晚年（雷焕平、黄婧雅，2013）。陈娟认为在卫生保健小组的互动过程中，增强了老年人同辈群体之间的支持，缓解了独居老人的孤寂感，促进了老年人的社区参与和自我价值的实现（陈娟，2018）。

综上所述，国内外学者在老年人方面的研究涉及面广泛，研究途径众多，显现出对老年人的研究关注日新月异，但是以小组工作方法介入城市低龄退休老年人同辈群体人际关系冲突修复与重建同辈群体人际支持系统的实务研究寥寥可数，这表明在社会工作视角下运用小组工作进行城市低龄退休老年人同辈群体人际交往的研究空间广阔，本章的探索研究可以补充和丰富此方面研究的不足。因此，笔者在已有的文献研究基础上，根据服务对象的需求，从社会工作角度出发，运用小组工作方法进行城市低龄退休老年人同辈群体人际关系冲突后修复与重建同辈群体人际支持系统实务研究，通过对小组工作方案设计、实施、评估、反思与总结，展示小组工作在城市低龄退休老年人同辈群体人际关系冲突后修复与重建同辈群体人际支持系统的具体应用，通过对组员的前测和后测对比展示小组工作所产生的实际效果，显现出小组工作在介入城市低龄退休老年人同辈群体人际关系冲突后修复与重建同辈群体人际支持系统方面的实效性和适用性。

（三）概念界定

1. 小组工作

在社会工作实务中，小组工作应用范围较广，对于小组工作的定义，国内外学者都做了不同的论述，但大致都包含以下层面的意思：首先，小组工作是一种工作方法；其次，小组工作是在一定的目标指导下所进行的一系列的有逻辑的团体活动；再次，小组活动注重人与人之间以及人与环境之间能够形成良好的互动，从而使组员达到改变的目的。此外，小组如同一个真实的社区。小组为组员提供了自我改变以及“被肯定”的社会场域，小组组员的任何新的改变都会被大家接受、肯定和分享，从而激发他们对外在的真实社区、现实社会的信心，更加积极地融入社会和社区。在本章中采用刘梦主编的《小组工作》的定义：小组工作是社会工作的工作方法之一，它在小组工作者的带领下，通过组员间的相互支持、充分互动和分享，激发组员的能力和潜能，改善组员的态度、行为，提升他们的社会功能性个人、群体、社区和社会问题，促进个人、小组和社区的成长和发展，实现社会和谐、公平、公正发展（刘梦，2013）。采用小组工作方法介入城市低龄高知退休老人的同辈群体人际关系的修复与重建。

2. 城市低龄退休老年人

简单来说，退休是指工作者达到国家规定的法定年龄而退出工作岗位休养生息。依据《国务院关于安置老弱病残干部的暂行办法》和《国务院关于工人退休、退职的暂行办法》（国发〔1978〕104 号文件），我国职工现行的退休年龄为男性 60 周岁，女工人年满 50 周岁，女干部年满 55 周岁。一般人认定 65 周岁为晚年的开始，而这是传统的退休年龄，而非因为有何特定的社会或生理原因，年龄在 65 岁至 74 岁的老人，被称为“年轻老人”。在中国，将 60 岁以上 70 岁以下者定为青年老龄人，70 岁以上 80 岁以下者定为中年老龄人，80 岁以上者定为老年老龄人。一般而言，60～69 岁的老年人群体被称为低龄老年人（中国人口老龄化现状与趋势，2021）。本章所指的城市退休老人是指拥有城市户籍并且长期生活在城市社区，达到法定退休年龄，离开工作岗位，享受国家退休养老金，文化程度相对较高的 55～70 周岁老人，这些老年人在整个老年人群体中相对较年轻，他们大多数身体还比较健康，思想比较活跃，生活能够自理，还能够继续为家庭和社会作出一定的贡献。

3. 同辈人际关系

同辈就是具有一样的年纪或年龄段差不多的一群人，在他们的身上体现有相同的价值观念、生活经验，相似的生活模式、生活思想观念，另外还有在年龄上相同或者相近，看待问题或所关心的问题都差不多的特点。陪伴是指给予被陪伴当事人物质和精神上的帮助。而当被伴者发现陪伴者与自己有相同经历则会产生归属感。同辈人际关系是依据社会支持为基础建立的较好的陪伴关系。同辈陪伴在社会支持系统中能够消减被陪同当事人的内心焦虑、恐慌或忧心，同时可以让对方收获幸福感、关爱、温暖与安全感（吴捷，2008），另外同辈人际是能够让人获得所需和得到帮助的系统。本研究中运用的同辈人际关系的概念是指通过一个平等的群体给予的陪伴、鼓励和帮助，从而建立的关系脉络。

（四）理论依据与研究方法

1. 理论依据

（1）团体动力学理论

团体动力学强调团体内互动的过程，认为团体是一个动力整体，团体动力是维系团体功能的一种力量或方式（刘梦，2003）。团体动力学的理论基础是勒温的场论（Field Theory），他用物理学中场的概念来解释心理活动，把人的心理和行为视作一种场的现象，而行为是人与整体心理环境的函数，重视研究个人与心理场之间的相互作用。群体内聚力是群体巩固与稳定的社会心理特征，包括群体对成员的吸引力和群体成员间的吸引力，以及群体成员的满意程度，在团体气氛研究中又称为团体凝聚力，团体凝聚力越强，成员的安全感和归属感越强。

（2）社会支持理论

与社会支持有关的研究起源于19世纪末期专家们对自杀的探究。在20世纪90年代后期，有专家在探究精神病学时提出一种新型理论，被称之为依附理论，该理论非常重视早期关系的重要程度，社会支持正式被作为学术问题而提出。由于研究者的出发点、目的不一样，他们对社会支持的理解也就不一样。专家肖水源的观点是，社会支持实际上是以个人为重点，个人对社会支持的看法有着很大的区别，我们知道，人和人之间的支持实际上是相互的。从功能的角度出发，社会支持实际上指的是个人从他所在的社会关系中得到的精神以及物质上的陪同。从操作的角度出发，社会支持指的是个人所在的社会关系的量化表征（张丽雪，2016）。这次研究运用了专家肖水源对社会支持的理解，社会支持指的是个人作为重点的不同社会联系对个人稳定作用的精神以及物质，主要有客观、主观以及社会支持这三个角度。客观支持指的是客观或者实际的支持，其中包含物质上的各种帮助，主观支持指的是个人在社会生活中受到尊重，理解的情感，对社会支持的利用程度指的是个人对社会支持的使用力度大小存在着很大不同，有的人虽然能够获得支持，但是却不愿意帮助别人。同时，人与人之间的支持实际上是相互作用的历程，个人在支持其他人的同时，也为得到别人的支持打下很好的基础。

2. 研究方法

（1）文献调研法

通过图书馆、中国知网、维普数据库等途径阅读了大量的相关文献资料，并整理分析，形成研究思路。在G日照中心的工作过程中，笔者搜集了真实的数据以及小组服务记录资料。

（2）访谈法

在G日照中心内与提前来中心参加活动的阿姨进行个案或团体访谈，深入了解她们发生争执的原因、现阶段的需求、活动参与情况以及一些内心的想法，并询问受访老人原来的常规手工活动的优缺点。

（3）参与式观察法

亲自参与到老年人人际关系“修复”及重建小组活动过程中，仔细观察老年人在参与小组活动过程中的情绪变化及影响因素，及时反思和总结。同时在G日照中心除手工小组活动之外的其他活动开展的过程中，持续观察被研究者的活动参加状况、人际交往状况、社会支持网络的建设状态。

二、G日照中心概况与手工课堂现状评估

（一）G社区日照中心概况

G社区老年人日间照料中心暨罗湖区残疾人日间照料中心，是在罗湖区民政局、区残联、街道办的指导下成立的，以公建民营的形式，由深圳市福田现代社工事务所运营，提供午餐、午休、日托、保健康复、休闲娱乐和心理慰藉等“养老助残一体化”的日间照料服务。中心于2013年12月底投入运营，场地面积500多平方米，设有活动室、心理咨询室、康复室、配餐室、沐浴室、休息室、阅览室等11个功能区，配备午休床11张。

服务理念如图9-1所示。

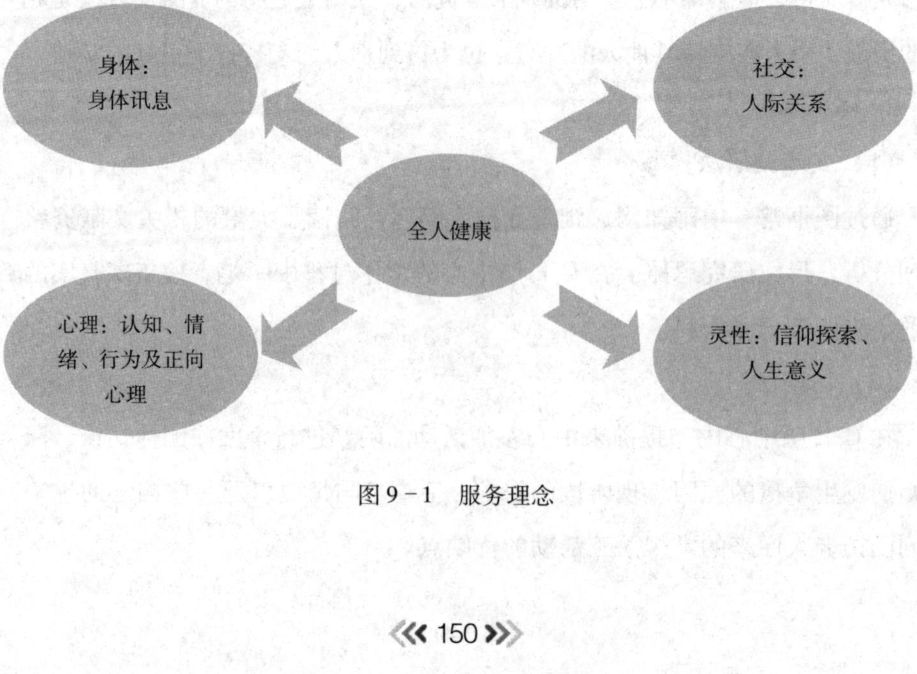

图9-1 服务理念

1. 服务简介

营养配餐：中心与专业的配餐公司合作，为老人提供安全、营养、可口的午餐配送服务，并提供送餐服务。

日间照料：为有需要的自理、半自理老人、残疾人提供日托服务，包括日间护理、陪护等。

居家养老：为社区有需要的老人、残疾人提供清洁、陪护、护理、上门康复、心理辅导等居家服务。

社区探访：组织独居老人探访服务，发掘社区义工资源，拓展独居老人的支持网络，改善独居老人生活。

健康讲座：与博爱医院等单位合作，定期举办健康讲座，普及健康知识，预防老年疾病的发生。

健康评估：为老人提供血压、体重、平衡能力等方面的评估，通过健康促进活动改善老人平衡能力和身体机能。

义诊咨询：与社区医疗单位合作，定期为老人提供健康咨询、健康义诊等活动，完善老人健康档案。

按摩理疗：由资深盲人按摩师为老人提供按摩推拿和理疗服务，缓解和改善老年慢性疾病。

健康预防：开展老人防跌、营养饮食和口腔保健等健康预防服务，改善老人身体机能，乐享晚年生活。

乐龄学苑：常年开设老人合唱班、烘焙班、手工班、书法班和电脑班，让老人“老有所学”“老有所乐”。

文体竞赛：举办老人歌唱比赛、书画比赛、乒乓球比赛和手工比赛等，活跃社区文化，展示老人风采。

2. 康复服务内容

（1）推拿按摩

能够改善颈椎病、急性腰扭伤、腰肌劳损、腰椎间盘突出、肩周炎、膝关节半月板损伤、踝关节扭伤、头痛、失眠、发热、咳嗽等病症。

注意事项：

如有皮肤损害、出血性病症、传染性病症、感染性病症、急性损伤等疾病时，要禁用或慎用推拿治疗。

（2）红外理疗和拔火罐

① 红外理疗

可见光的红外线灯，辐射频率高，渗透性强，红外线波峰值严格在1300nm，使红外线波长刚好可以穿透人体真皮层，达到促进血液循环，缓解痉挛、降低肌张力、镇痛、消炎等作用。

② 拔火罐

通过物理刺激和负压人为造成毛细血管破裂淤血，促进血液循环，对腰肌劳损、腰椎间盘突出病有一定的治疗作用，还可以治疗头痛、眩晕、气喘、咳嗽、腹痛等疾病。

注意事项：

出现皮肤过敏、溃疡、水肿、高热，以及妇女的腹部和腰骶部不适宜拔罐。

（3）运动治疗

着重进行躯干、四肢的运动、感觉、平衡等功能的训练，包括：关节功能训练、肌力训练、有氧训练、平衡训练、易化训练、移乘训练、步行训练。

能够改善以下疾病：颈椎病、腰椎间盘突出、肩周炎、高血压、慢性支气管炎、糖尿病、脑血管疾病后遗症，神经官能症等。

3. 生活照料

为老人提供日托、营养配餐、上门陪伴和家政等服务，为社区老人提供贴心、周到的照料服务，提供康复室、阅览室、休息室和多功能活动区等。

4. 健康服务

与桂园社康、博爱医院、健康小屋等单位合作，为社区老人提供营养膳食、口腔保健、咨询问诊、健康讲座、按摩理疗等服务。

居家养老服务收费标准见表 9－1 所列。

表 9－1　居家养老服务收费标准

服务类别	服务项目	收费标准	备注
生活照料	营养午餐	15 元/餐	
	代购/陪购/陪医	25 元/小时	不含交通费
家政服务	家居清洁	25～30 元/小时	
康复护理	盲人按摩	60 元/次	40 分钟/次
	拔火罐	30 元/次	40 分钟/次
	红外理疗	20 元/次	30 分钟/次
	康复训练	60 元/次	40 分钟/次
心理咨询	心理咨询	80 元/小时	
精神慰藉	义工探访	免费	针对独居老人
	电话慰问	免费	针对独居老人
	陪伴	25 元/小时	
辅具借用	辅助用品外借	免费	

（二）手工课堂现状及冲突产生原因分析

1. G 日照中心手工课堂现状

基于让老人“老有所学”“老有所乐”，G 日照中心提供手工服务活动，丰富老年人群体晚年文化娱乐生活。老年人的文体活动构成了他们退休后生活的主要内容。随着人口老龄化的不断加剧，如何有效丰富老年人的文体活动也变得日益重要，也是我国老龄工作中的重点。当前我国已进入全面建成小康社会的阶段，老年人多样化的文体活动需求也在日益增长，文体活动的顺利进行也是增强老年人体质，实现老年人身体健康的必然要求。

手工创作可使组员在动手创造中得到满足感，感受到愉悦情绪的体验，从而产生成就感。手工制作，在某种意义上说，就是一个欣赏美、鉴别美、创造美的过程。任何一件手工作品的制作都是一种具有复杂结构的创造活动。从材料的选择到制作方法、步骤的确定，从动手制作到不断修改和完善的过程，充满了创造精神、形象思维和逻辑思维的交融，同时也是手工制作者提供交流与沟通活动形式。

由于G日照中心工作人员缺乏，分配工作任务时，把开展手工活动的任务交由中心行政助理负责。没有接受过专业社会工作培训及教育，没有工作经验的H（G中心行政助理是她人生的第一份工作）简单地认为手工活动的开展，仅仅是工作人员在教手工制作的义工老师协助下，购买一批手工材料，招募一群社区老年人到中心来，把手工材料分发给老年人，由义工老师教会老年人手工制作，工作人员只需负责拍照及经费申请、物资购买，因而活动的开展没有任何计划、规则、目标达成及科学的理论指导、对活动参加者表现的观察；活动期间，忽视成员言行越轨或情绪异常者，并没有及时进行心理安抚、疏导或及时报告主任、专业社工、心理咨询师等。针对极少数能够完成手工制作，却又挪用其他成员材料想多做一份带回家，导致其他组员材料缺失不能完整地完成手工制作的成员，工作人员H缺少专业的沟通技巧，对挪用他人材料的成员说：“阿姨们，不准把手工材料带回家。”人际冲突因此而来，挪用他人材料的组员与工作人员H的言语冲突，被挪用材料的阿姨排挤、言语讽刺甚至扬言要求工作人员H不让挪用他人材料的成员再来参加手工活动，这是人际冲突的“添加剂”。

原手工课堂人际关系冲突激化阶段：星期二已经开展了的合唱、葫芦丝活动在手工课堂开展的这一天（星期三），在没有经过任何沟通协商的情况下，由合唱队居民领头人X自发组织到G日照中心进行赛前集训，造成了场地使用冲突；由于活动参与成员既是合唱队成员又是手工课堂成员，也造成了参与成员角色冲突。负责手工活动的工作人员要求合唱队另选场地或者降低唱歌声音，多次要求未果后，手工活动工作人员强制要求换场地，最终惹恼了合唱队居民领头人X，她要求正在做手工且同时隶属于合唱队的成员立刻退出手工课堂来参与合唱训练，并出言威胁如果谁不照做，以后就不用再参加合唱了。

原手工课堂人际关系崩塌阶段：由于两边活动角色冲突的成员选择先做完手工再去练习合唱，进一步惹怒合唱队居民领头人。时间流逝，手工课堂结束，合唱队刚刚安顿下来，由于需要复印演出歌词，手工课堂义工老师主动帮其他成员复印歌词，但由于人多，歌词版本不同，导致义工老师与其他合唱队成员始终在交流及走动，合唱队居民领头人见此情形，立马怒斥手工课堂义工老师并让她滚出去。手工课堂工作人员对此情形并未做任何应对举动，导致冲突爆发，最终结局是原有手工课堂老年人同辈人际关系彻底崩塌，手工课堂义工老师生病住院，原手工课堂工作人员承担工作失误后果，机构直属督导要求换专业社工接手手工活动。

2. 冲突“源”来如此

根据社工对原手工课堂参加者进行个体或团体访谈，对产生人际冲突直至关系崩塌原因整理，得出以下缘由：

（1）原有手工活动因经费限制，购买材料有限，手工材料包遭哄抢；

（2）原有手工活动工作人员言语不当，刺激和贬低了成员自尊心，从而使成员觉得被羞辱；

（3）部分成员家庭矛盾争执，心情低落，加之成员及工作人员言语、行为不当而引发情绪失控；

（4）老人退休后，由单位退至社区，由领导变成了被领导，角色和身份在一定程度上发生了变化，老年人面对退休后的生活心态及角色不适应，以至于做出“领导”行动姿态，这是少数老年人性格使然，缺乏沟通技巧；

（5）原有工作人员并非专业社会工作者，没有专业的工作技巧和小组控制能力，对成员情绪变化及冲突观察不够细致，任其发展和争吵、排挤；

（6）中心手工老师长期无偿性地在中心教手工制作，从材料的选取到样板的制作占用个人太多时间，且无义工时数补偿或其他任何的精神或物质补偿，得知其他中心的手工老师有津贴补助后，心理不平衡，觉得自己需求没被满足；

（7）客观因素：G 日照中心工作人员及活动居民领头人沟通工作不到位，活动场地产生冲突，部分成员活动重复，如参加手工活动的成员同时也是合唱队成员，两个活动同时同场地开展，造成角色冲突。

（三）社工介入的必要性分析

1. 原有活动方法的局限

（1）原手工活动缺乏科学的理论指导、专业的运行模式及技巧；

（2）缺乏能够维系手工课堂运作的行为准则及规范；

（3）工作人员缺乏专业的社工工作活动开展的知识和技巧、沟通方法。

2. 小组工作介入的独特作用

小组工作作为社会工作的三大工作方法之一，因其自身的特征与功能，可以成为增强老年人同辈支持的有效途径。

（1）小组工作是一种团体活动，团体是一个动力整体以维系团体功能。组员在小组工作活动营造出的场域中通过彼此分享、支持等带来组员态度和行为的改变。组员在小组中可以学习到其他人成功的经验，也可以吸取其他成员失败的教训。“衍艺花漾夕阳”同辈人际成长小组在组员安排上有着一定的特殊性，其中有5位组员是相对比较热情、开朗，在平时生活中朋友就比较多的人，在小组工作过程中可以为其他组员分享他们在交友过程中的成功经验，也可以起到活跃气氛、排解小组压力的作用。

（2）小组工作本身具有社会化的功能，可帮助组员在小组环境中学习适应社会规范，学习人际相处的技巧，解决再社会化过程中遇到的种种问题。老年人建立同辈支持首先要学会与同辈交往，组员在加入小组之后就需要与同辈接触并建立基本的社会关系；在小组活动中产生团体凝聚力，使组员对小组拥有安全感以及归属感，组员可以在团体氛围下仔细观察和学习他人经验的基础上将所学内容付诸实践，这样可以促使组员更好地理解在小组中学习到的人际交往技巧。

（3）在小组中发生的任何心理和行为都会作为小组动力有效地支撑着小组持续进行。小组名称“衍艺花漾夕阳”对于组员来说是一种激励，在不知不觉中让组员体会拥有同辈支持的重要性。组员在小组活动中产生的正向变化会对其他组员产生一个积极的暗示作用，会促使其他组员向已产生变化的组员学习，从而在小组内部形成一种良性互动。

（4）小组工作有着个案工作和社区工作无法替代的作用。个案工作注重以个人为工作对象，建立一对一的专业助人关系，更重视个人的成长，关注个人生活环境等各方面的改善。社区工作是以社区为载体，以社区及其成员整体为对象的介入手法，主要是提高社区成员的归属感以及社区成员与社区之间的融合。本研究的主题是协助老年人修复和重建同辈支持，相比个案工作和社区工作手法，小组工作显然更适合本次研究。综上所述，小组工作在增强老年人同辈支持方面可发挥积极的促进作用。

三、社工介入G日照中心手工课堂老年人同辈群体冲突的实践及过程

（一）方案设计

1. 小组特征

（1）小组名称："衍艺花漾夕阳"——老年人同辈人际管理小组

（2）小组性质：成长性小组

（3）招募对象：G日照中心手工课堂城市低龄退休老年人

（4）招募方法：现场招募、微信招募和老年人自愿参与

（5）招募人数：12人

（6）活动时间：2019年3月4日至2019年4月1日

（7）活动地点：G日照中心多功能大厅

（8）活动次数：5次

2. 小组总目标

老年人同辈群体人际关系修复与重建，建立和谐同辈社会支持网络，促进社区老年人的身体、心理和灵性三方面的全面健康。

3. 活动大纲

具体的活动大纲见表9－2所列。

表 9-2 活动大纲

单元（节）名称	单元（节）目标	主要活动内容	时间配置
“华”漾相遇	协助组员相互认识（部分成员已经相互认识，主要是为新加入的老年人），社工介绍本次小组成立缘由，建立专业关系，并传授人际交往中的第一步——记住他人	1. 组员认识，工作人员与小组成员一起订立小组契约 2. 学习制作玫瑰丝网花：社工拿出制花手册（提前制作好）与组员一起学习，说明一些制作花过程中要注意的内容；鼓励老人相互交流自己的手工技巧，分享过程	2019 年 3 月 4 日 14：30—16：30
“我们都很棒”	1. 人际交往的小技巧之尊重他人 2. 帮助他们认识自己的优点、学会赞美他人	1. 回顾上次活动的主要内容及收获； 2. 赞美和接受赞美，让成员发现自己身上的优点，并乐于与人沟通交流，建立同辈群体的支持	2019 年 3 月 11 日 14：30—16：30
自信的人最美	老年人自我价值肯定及对生活的乐观积极性	1. 组员依次发言，来谈一谈上次活动对自己的影响； 2. 将衍纸图案的制作材料分发给成员，告诉大家材料如何使用，由社工示范，一步一步地教大家如何折叠，如何卷、如何粘贴，组员按照社工的教授方法，认真的制作衍纸粘贴，大家相互探讨，彼此帮助，在愉快的氛围下，成员们很快就掌握了制作衍纸的技巧，并基本完成衍纸折叠粘贴制作	2019 年 3 月 14 日 14：30—16：30
我需要同伴的支持	人际交往中小技巧——合作与信任，合作共赢	手工制作过程中穿插歌唱接龙游戏，歌唱接龙由成员自己挑选合作者，同辈群体关系修复与重建，让组员间找到属于自己的“趣友”	2019 年 3 月 25 日 14：30—16：30

（续表）

单元（节）名称	单元（节）目标	主要活动内容	时间配置
“离”莫愁	处理离别情绪，巩固前几节小组所学成果	1. 总结四次小组活动的得与失，增强既有的工作成果； 2. 欢声笑语送别离	2019 年 4 月 1 日 14：30—16：30

（二）老年人同辈群体人际关系修复与重建小组实施过程

1. 小组初期

第一次小组活动：“华”漾相遇

（1）小组目标：通过游戏使老人在短时间内记住小组成员的名字，使大家能够在短时间内相互认识；化解小组成员之间的陌生距离感，明确小组的基本目标，和其他组内成员一起订立小组内部规范以及规则。

（2）小组活动过程：因有部分新成员加入，小组成员彼此之间都比较陌生，所以在活动中都比较放不开。此外社工对小组成员不是很了解，社工为每一位小组成员发一张个人“小档案”卡片，档案内容包括组员的姓名、年龄、爱好、最喜欢做的事情和最不喜欢做的事情等，以便深化社工人员对每一位小组成员的认识。组员们得到卡片后，觉得社工对自己很重视，所以都很认真地填写档案卡。在写完档案卡后，由社工主持，每位队员都念了一下自己卡片上的内容，新加入的 X 阿姨说：“我喜欢唱歌，但是由于性格比较内向，不敢和其他老年人一样，在外面一起练歌，我都是一个人在家的时候自己跟着小音箱唱歌，之前我都不知道社区还有这么一个日照中心，也不知道有这么一个场所供我们老年人娱乐，我希望能通过这次小组活动，让我把胆子练得大一些，这样我就可以和大家一起去公园或者人多的地方唱歌，不用自己在家孤孤单单地唱了，有人陪着，还有人教唱歌，这地儿真好！”X 阿姨真诚的话语，迎来了在座成员的掌声。随后五个成员依次读了自己卡片上的内容，并做了简单的解释。通过简单的介绍，小组的气氛有所缓和，社工借此机会，推动成员间彼此的深入了解，使成员能够更快地融入小组中，利用小组常用的破冰游戏，因为要考大家的记忆力，所以在游戏过程中，每一位成员都会聚精会神地倾听新成员的介绍。但不和谐的因素也是并存的，常来中心参加各类服务活动的L阿姨总是打断他人说话，并且发出不满的声音：“大多数人我都认识，就不用介绍了，不是说做手工吗？今天做什么，快点开始吧。”面对催促，社工极力澄清任务目标和鼓励L阿姨耐心倾听。在社工的主持下，游戏顺利完成，同时也加深了彼此之间的认识与了解，这为制定小组的契约打下了良好的基础。在社工引导下，组员共同制定了七点小组规定，由五位组员代表写上约定，达成小组契约，建立起小组的归属感和责任感。正式相识立约后，开始进入老年人同辈人际关系修复与重建的主题手工小组活动。

（3）小组活动的总结反思：这是本小组活动的第一节，主要的目的就是让大家能够彼此认识并且了解，通过游戏使大家熟悉彼此之间的名字和一些基本的信息，以便以后大家相互认识和进一步的交流，增强人际交往能力。在和不熟悉的人建立关系的过程中，能够说出并记住对方的名字，是一件很困难的事情，尤其对老年人来说。该游戏能够活跃现场氛围，帮助各个成员之间加强沟通了解，重复其他成员的名字，最终记得别人的名字。但是在活动进行中组员也出现了一些矛盾，这是社工应该反思的，因为活动中出现的矛盾很有可能使组员之间产生隔阂，需要社工及时的沟通处理，解决矛盾，使小组处于和睦的气氛。

2. 小组发展阶段

第二次小组活动：“我们都很棒”

（1）小组目标：帮助他们认识树立尊重他人意识，让大家发现自己的优点，同时也要学会发现其他人身上的优点，去赞美别人，增强成员的沟通能力，通过组员彼此之间的分享，拉近组员之间的距离，从而建立亲密的人际关系。

（2）小组活动过程：通过第一次的小组活动，大家之间的陌生感已经大大减少了，见面时候新成员间有少许的语言交流，即便不说话也会通过点头示意进行礼貌性地问候，表示对彼此的认可。小组活动正式开始时，由社工主持，回顾了上次活动的主要内容及收获，并制定了本次小组活动的主要目标，就是学会赞美和接受赞美，让成员发现自己身上的优点，并乐于与人沟通交流，建立同辈群体的支持。在小组活动的开始阶段，由社工作为表率，边做手工边赞美坐在旁边的M阿姨说："您是一位热心且心怀感恩的人，每次都会提前来到活动室，帮助我们布置活动场地；您对智能手机不太熟悉，每次有不懂的地方来寻求社工帮助；您总是认真地道谢，这值得我们在座的每一位学习和尊重。"就这样依次由成员赞美下一位成员，每一个人都去挖掘其他人的优点，让活动的气氛很融洽，拉近了案主之间的距离，案主之间的距离感进一步减弱。在小组最后总结的时候，每个人都积极发言，气氛很活跃。R阿姨说："活了这么大岁数了，还没有这么多人赞美过我，从小到大、到老，我听过最多的就是贬低，今天收到这么多赞美，这让我自信心倍增，让我觉得原来咱也不赖呀。"R阿姨说完，其他成员附和道："我也有同感，觉得自己没那么差，以后与人打交道的时候，会更顺溜。"L阿姨调笑说："咱们来参加活动，一举两得，亲手做的手工制品，成就感满满，但我怎么觉得咱们交朋友、开心聊天、玩游戏才是最重要的呢。"

（3）小组活动总结：给予或者接受他人给予的赞美对于很多人来说都是一个新的尝试，但是只有相互欣赏才能让彼此觉得被尊重、交流更加流畅。要求赞美人的时候必须说优点，态度要真诚，努力发现他人的长处，所说的优点必须是根据自己的观察来的或者是成员间熟悉之后自己了解到的，不能毫无根据地吹捧，吹嘘反而会伤害别人的自尊。通过这次赞美活动，进一步拉近了小组成员之间彼此的距离，同时也树立了成员的尊重他人及自信心，能够帮助他们在日后的人际交往中更加从容大胆。

3. 小组成熟阶段

小组第三节：自信的人最美

（1）小组目标：在相互认识的基础上加强组员之间的合作关系，利用游戏丰富生活，增强老人对生活的乐观积极性，提高老年群体的沟通交流能力。

（2）小组过程：小组活动正式开始之前，社工对上次的小组活动进行了回顾，并让组员依次发言，来谈一谈上次活动对自己的影响。Z 阿姨说：“我退休在家后，一下子就不知道什么是生活的重心，非常不能适应没有工作的生活，之前在单位还管着十多个人，每个人都很尊重我。但是退休之后，在家里根本没有人愿意听我领导，觉得我很烦，都躲着我，这让我生活过得很失落，觉得自己真的老了不中用了，但是上次活动后，我发现我的优点还是有的，这让我再一次树立了自信心，心里也没那么悲观难受了。”每个成员依次分享完自己感受后，由社工总结，并开始本次小组活动，由社工带领大家进行手指操，活动手指，放松心态，为手工活动做铺垫。随后，社工把衍纸图案的制作材料分发给成员，告诉大家材料如何使用，并一步一步地示范，教大家如何折叠、如何卷、如何粘贴；组员按照社工教授的方法，认真地制作衍纸粘贴；大家相互探讨，彼此帮助，在这种愉快的氛围下，成员们很快就掌握了制作衍纸的技巧，并基本完成了衍纸折叠粘贴的制作。在小组活动最后，由社工主持，总结分享本次小组活动的感受。

(3) 小组活动总结：解决之前的人际冲突，修复与重建老年人同辈群体人际关系支持网络，为老年人营造一个健康快乐的晚年。

小组第四节：我需要同伴的支持

(1) 小组目标：老年人加入活动中找到志趣相投的同伴，建立起同辈群体的人际关系支持。

(2) 小组活动过程：小组活动进行到现在，无论新成员之间还是新成员与老成员之间彼此都已经非常熟悉了。在见面之后，小组活动开始前，大家都在交流这一周之内彼此之间各自发生的事情，就像老友见面，拉拉家常。小组活动开始后，对上次的活动做分享，L 阿姨说：“上周回家后，闲来没事的时候，我就把没完成的手工继续完成，后来我的小孙女看到后觉得我做的手工很漂亮，就吵着要跟我学。现在孙女每天写完作业，我都会跟她做一会儿手工，这拉近了我们祖孙俩的感情，让我觉得这真是天伦之乐，让我对手工也更加兴趣，可以给小孩做些他们喜欢的小玩偶什么的。”

分享过后，小组游戏开始，通过小组游戏，营造了一个良好的活动氛围。游戏结束后，稍做休息，由社工带领大家进行手工制作，制作过程中穿插歌唱接龙游戏。歌唱接龙由成员自己挑选合作者，两人及两人以上即可。接龙过程中，你来我往，好不热闹。并发掘了Z阿姨的歌唱特长，还把Z阿姨邀请进G日照中心合唱团，进一步促进和拓展同辈人际关系脉络的重建与修复。接龙告一段落时，W阿姨感叹道："这年头，玩个游戏都挺有技巧，你得学会合作呀，互帮互助，合作共赢嘛，众人拾柴火焰高可不就是这个理儿。"在小组结束分享中，F阿姨说："手动，嘴巴也要动起来，这歌曲接龙可真有意思，在家哼唱歌，有的时候还会被老伴嫌弃，很是憋闷啊。歌曲接龙还挺考人的，你记不得歌词就接不上。"小组活动结束，少数几个手工不是很利落的阿姨还没完成自己的手工，坐旁边的Y阿姨主动提出让已经做完手工的阿姨们帮助还没完成的阿姨，在众人帮助下，阿姨们都完成了自己的手工，并意犹未尽地哼唱着歌曲结伴离开。

（3）小组活动总结：同辈群体关系修复与重建，让组员间找到属于自己的"趣友"，活动中互相帮助与合作，构建同辈群体支持脉络系统。

4. 小组结束阶段

小组第五节："离"莫愁

（1）小组目标：处理离别情绪，巩固前几节小组所学成果，总结四次小组活动的得与失，增强既有的工作成果，对小组全部工作进行细致的评价，然后完结所有小组工作，认同每一个组员的表现，让他们能够对自己充满自信，对生活充满向往，乐观面对人生的所有挑战。

（2）小组活动过程：小组活动到本次已经是最后一次了，大家都已经相互熟悉，并且建立了很深的感情，从原来的足不出户、深感孤独，到如今能够和大家一起开开心心地活动，社工和成员们都感到很开心。小组活动开始后，社工组织大家观看PPT、照片及视频，回顾近一个月来大家一起走过的时光，见证成员的成长，并分享对自己影响最深的事件。成员中年龄最大的M阿姨说："在这几个星期的活动中，我印象最深的事就是社工手把手地教我学习衍纸折叠和粘贴舞女图的制作，我很笨，怎么也学不会，但是社工特别耐心，一点也不嫌弃我，最终让我学做出了舞女图，让我感到很温暖，也很有成就感。之前我总想着，我都这么老了，谁还会耐心地教我做小玩意儿？我总觉得我是不会被别人接受的，所以不敢主动参加活动，怕别人不教我，嫌弃我老了不中用了。跟别人交往，不敢主动和别人说话，怕别人嫌弃我。但是现在我已经能够主动来参加社区活动啦，也主动和别人说话，真的很感谢大家!”因为G日照中心还有手工之外的其他类活动开展，大家都能见着，并且本次“衍艺花漾夕阳”手工小组结束并不代表手工活动不再开展，小组结束，成员离别的情绪处理就显得不是那么重要了。最后小组活动顺利结束，帮助成员解决了先前的同辈人际关系冲突，并且得到了修复和重建。

(3) 小组活动总结：这次小组活动是小组工作的最后一个环节，各个小组成员要对自己在活动中的具体表现发表自己的观点以及看法。很显然，通过几期的小组活动，大家已经建立起新的同辈群体的陪伴，同时也合理地评价小组进行中的所有工作。由于小组成员在活动结束后还能见面，因此该活动结束后各成员并没有特别伤感。

四、老年人同辈群体人际关系修复与重建小组评估

(一) 小组评估

1. 小组介入前老年人同辈群体人际关系现状

小组介入前通过对成员的个体或团体访谈，我们得知原手工课堂成员及工作人员的人际关系已经彻底崩塌，表现为：

(1) 原手工课堂手工义工老师与工作人员言语冲突。义工老师见工作人员拿出的手工材料七零八乱的，还有部分是前面手工制作剩余的边角料，于是就朝工作人员嘲讽：“就你拿出的这些材料，我怎么教？拿这些垃圾怎么做得出成品？亏你拿得出手。”工作人员当即反抗：“阿姨，你说的是什么话，之前不都做得还好吗？不就是没办法帮你补上之前做样品的义工时间嘛，你有必要朝我发火吗？再说了，义工时间计算也不是我说了算的。”冲突的种子就此埋下。

（2）挪用他人手工材料的阿姨与被挪用材料的阿姨相互排挤，工作人员与挪用他人材料的阿姨言语冲突，挪用他人手工材料的阿姨不被允许参加后续手工制作。访谈中特别气愤的T阿姨说道："我们就是不想要她来参加手工活动，她手工做得快，她可以提前回家呀，干吗要拿我们的材料，害得我们手工成品都做得不好，缺斤少两的。她呀，就像是一颗老鼠屎，你去问问其他成员，有谁喜欢她？她也是脸皮够厚，每次都来，真讨人厌。"

（3）由于两场不同类型的活动同时开展，造成场地冲突、部分成员角色冲突，角色冲突的阿姨们抱怨和指责工作人员和合唱队领头人，导致冲突激化。"活动时间改了也不事先说一声，几个活动同时开展，我们到底参加哪一个啊？合唱队长、工作人员你们都不商量一下的吗？现在那么多人在这里，乱糟糟的，我看是什么都做不成，真是的！"

（4）合唱队领头人的话语"滚出去"造成冲突激化，手工义工老师情绪失控，生气摔杯子离去，且因此生病住院。

（5）原工作人员冲突处理不当甚至激化人际冲突，原负责人失职缘由是直属督导重新分配工作任务，更换手工活动负责人，原手工课堂同辈人际关系宣告崩塌。

2. 小组介入后G日照中心手工活动参与老年人同辈群体人际关系现状

（1）工作人员与小组成员建立了良好的专业关系，每位成员都和颜悦色地与工作人员交谈。

小组结束后，小组成员对工作人员一致好评。小组成员都夸赞工作人员脾气好，性格温和，待人友好，笑脸相迎。小组成员M阿姨说："这姑娘性格温和，性子又好，对我们这些老家伙挺有耐心的，真怕她走（辞职离开中心），也舍不得她走，她走之后我们可能就再也找不到性格这么好的姑娘来带领我们参加活动了。"

（2）经过小组介入及小组活动、小组游戏的开展，参与过原手工课堂的现有小组成员间的人际关系逐渐修复。小组针对原手工课堂的人际冲突进行个体或团体访谈，让成员有能够倾诉和发泄的机会，同时小组工作人员也澄清成员观点，引导成员深入思考、发掘冲突产生的原因。小组工作人员运用澄清、同理心等专业沟通技巧，让成员感受到被尊重和关爱，有利于避免原手工课堂参与成员直面冲突，同时寻找原因，进行情绪安抚、激励成员间相互道明缘由并握手言和，推进原手工课堂参与成员同辈人际关系的修复。原手工课堂参与成员L阿姨说：“找个人倾诉一下，大家说明各自的原因，咱们一起找找之前产生不愉快的原因。原因找到了，大家相互理解，也就能握手言和了，说开了就好了，其实也没什么大不了的，不用放在心上，大家来参加活动就是为了多交几个老年朋友，寻开心。现在我们的冲突问题解决了，大家关系亲密多了，还多交到几个朋友，这样子的活动中心可以多开几场，这是我们老年人喜欢的。”

（3）小组招募的新成员同辈人际关系构建。就本次小组成员来说，成员分两类：一类是人际关系崩塌的原手工课堂参与者，另一类是新加入的手工兴趣爱好者。新的“血液”注入有利于调动成员积极性及活跃度，新成员的加入壮大了成员队伍，新的同辈人际交往构建拓展了老年人人际关系脉络。新成员X阿姨说：“来中心参加文体活动，交了新的朋友，以后都不用孤孤单单地待在家了，之前想去玩没地方可以去，也没个伴，现在好了，有了志趣相同、年龄相仿的朋友，做做游戏，说说家常，生活有意义多了。”

（二）过程评估

1. 成员表现评估

组员的表现评估是根据整个小组过程中社工对组员参与每一节小组活动的观察和记录所做的评估。在整个小组活动结束后的问卷评估中，组员普遍反映经过这次的小组活动，组员之间相互了解，彼此间的关系更加亲密。由此可见，此次小组活动在一定程度上达到了既定目标。但也有个别组员反映，此次小组活动内容有些浅显。

在每一次活动后每一位组员都对活动做了一些分享，其中R阿姨和M阿姨的分享尤为特别。对于整个活动，M阿姨觉得手工材料的选取并不适合老年人的审美，但可以让大家活动起来，特别有些制作环节还是大家齐心协力一起做的，可以培养团队的合作精神。R 阿姨认为在活动过程中大家一起讨论的地方比较多，可以分享彼此生活中的经验，大家说的很多都很有用，但是人多嘴杂，大家七嘴八舌说得太多了，再加上年纪大了，有时候记忆力不够好，因而很多东西都记不住。R 阿姨说："整个活动感觉还好，手工制作过程有些费眼睛，下次活动为大家提供更多展现自我的机会就更好了，比如针对手工活动，咱们可以搞一个展览，就咱们在日照中心所学的手工作品进行展览评比。"S 阿姨在参与活动前对活动充满了疑问，活动过程中也与其他组员发生了一些不愉快，因为性格以及说话方式过于直接，伤了其他成员自尊心。在小组活动结束后，S 阿姨找到工作人员聊了很久，说听了组员的分享之后对自己进行了一些反思，从前只是固执地认为自己什么都对，不管遇到什么挫折都觉得是别人不对，总喜欢要求别人做这做那的，常常和其他成员产生冲突，这次活动让她发现了自己的缺点，经过社工的开导与情绪安抚，S 阿姨也和之前产生过冲突矛盾的成员握手言和，她以后也会学着尽量从别人的角度看问题。通过组员对小组活动的反馈及分享可以得知，本次小组活动虽然有很多不尽如人意的地方，但也基本达成了最初制定的目标。

2. 社工表现的评估

对社工表现的评估主要是依据组员的活动反馈、组员对社工的评价得来，详情见表 9－3 所列。

表 9－3　社工表现评估

	非常不满意	不满意	一般	满意	非常满意
社工工作表现	0	0	2	4	6
社工工作态度	0	0	0	5	7

在小组活动过程中，社工以平等友善的态度拉近了与组员间的关系，并通过扮演观察者、引导者、协调者、支持者等角色，运用倾听、鼓励、控制、示范、澄清等专业技巧，协助组员学习掌握情绪知识，改善自身情绪状态，学会情绪管理。社工的操作表现，得到了组员的信任和肯定。

（三）老年人同辈群体人际关系修复与重建小组实践启示

1. 科学理论指导、专业的工作方法在老年人活动开展中具有重要作用

小组工作实务过程显示，小组工作专业技巧在修复和重建老年人同辈人际关系方面具有一定的积极作用。就本次小组活动和原手工课堂对比，本次小组活动的开展有科学的理论做指导，设立了明确具体的小组目标，为小组树立了明确的目标旗帜。

2. 有效的行为规范是维系活动稳定运转的生命方针

活动规范要求小组成员之间互相认同和默契，有效、民主的规范有利于小组凝聚力的形成。行为规范使小组保持一种动态平衡和活力，引导小组的行为、安排小组的经验、制约小组的互动。

3. 小组工作对老年人同辈人际交往支持系统具有积极的促进作用

同辈群体支持，是人的社会属性，人的生存离不开社会。退休老年人群体因退休离开原来的工作岗位，失去了原有的社会交际圈。现实处境的转折，促使增强老年人的同辈群体支持成为老年人身心健康与生活品质提升的必要性。G 日照中心的老年人同辈人际关系的崩塌，不利于其身心健康。因此人际关系修复与重建的需要促成了小组活动开展的必然。小组工作是一个群体工作的过程，小组的建立可以为老年人提供一个彼此认识、了解和解决冲突的平台，以修复和重建老年人同辈人际交往为目标的小组可以使老年人更好地适应老年生活，提高晚年生活品质。

五、结语

笔者通过需求评估与分析，根据 G 日照中心城市低龄退休老年人的实际需求和特点，在前人研究的基础上，尝试利用小组工作方法修复与重建老年人同辈人际支持系统，并取得了良好的效果。通过活动方案展示小组工作在情绪管理中的具体应用，通过对组员的前测访谈和后测访谈对比展示小组工作所产生的实际效果，显现出小组工作在城市低龄退休老年人同辈人际关系修复与重建方面的实效性和适用性，以此提供小组工作在老年人同辈人际关系支持系统构建方面的经验

借鉴和推广应用。鉴于本章是实务研究，难免存在不足：首先是适用范围需要进一步的调查研究确定；其次是社工个人经验尚浅，对专业知识技巧的运用不够灵活，活动过程把控不够等问题，实务技巧有待增强；最后是活动方案设计不够贴合老年人同辈群体人际关系修复与重建。

参考文献

[1] 2010 年第六次全国人口普查主要数据公报（第 1 号）[EB/OL]. 中华人民共和国国家统计局. http：//www. stats. gov. cn/tjsj/pcsj/rkpc/6rp/index-ch. htm.

[2] 2019 年政府工作 [EB/OL]. http：//www. financeun. com/newsDetail/21609. shtml？lmid = 1&platForm = jrh.

[3] 陈壮艳. 供需视角下机构养老问题与对策研究 [D]. 暨南大学，2016.

[4] 郭丽娜，郝勇. 居家养老服务供需失衡：多维数据的验证 [J]. 社会保障研究，2018（5）：44-55.

[5] 2019 政府工作报告 16 次提及养老 [EB/OL]. http：//finance. eastmoney. com/a/201903121067254728. html.

[6] 张震华. 城镇老人社区归属感提升的社会工作介入研究 [D]. 井冈山大学，2018.

[7] 苗萌萌. 城市老年人休闲生活满意度研究 [D]. 西北民族大学，2018.

[8] 顾蒙蒙. 优势视角下社会工作介入老年志愿者培育的研究 [D]. 华南理工大学，2018.

[9] 王大增. “三无”老人精神慰藉的小组工作介入 [D]. 中共吉林省委党校，2018.

[10] 刘长城. 小组工作介入农村空巢老人精神慰藉问题研究 [D]. 青海师范大学，2018.

[11] 冯辉. 团体怀旧治疗对社区老年人抑郁症状的干预效果研究 [D]. 中

南大学，2010.

［12］雷焕萍．老年小组工作在农村老年人社会适应中的应用与反思［D］．西北大学，2013.

［13］陈娟．小组工作介入城市社区老年人卫生保健服务的实务探索［D］．青海师范大学，2018.

［14］孔令凤．老年人跌倒的原因分析及预防［J］．医学信息（上旬刊），2011，24（6）：3474-3475.

［15］顾燕琴，卫玉康．社区老年人高尿酸血症自我管理效果分析［J］．中国社区医师（医学专业），2012，14（4）：360-361.

［16］安仕广．社区老年人高血压自我管理的干预及效果分析［J］．健康教育与健康促进，2010，5（1）：50-51，70.

［17］吴丹．小组工作介入城镇空巢老人互助研究［D］．湖南师范大学，2018.

［18］赵红英．小组工作介入城市社区丧偶独居老人人际交往障碍的研究［D］．东北石油大学，2018.

［19］王虹霞．优势视角下院舍内老年人互助支持网络的建构［D］．沈阳师范大学，2017.

［20］刘梦主编．小组工作（第二版）［M］．北京：高等教育出版社，2013.

［21］中国人口老龄化现状与趋势［EB/OL］．http：//www.cctv.com/special/1017/1/86774.html.

［22］张丽雪．建立L社区老年人同辈群体陪伴的社会工作介入［D］．长春工业大学，2016.

［23］吴捷．老年人社会支持、孤独感与主观幸福感的关系［J］．心理科学，2008：31（4）：984-986，1004.

［24］中华人民共和国国家统计局．中国统计年鉴［M］．北京：中国统计出版社：2016.

附　录

附录1　小组前、后测访谈提纲

姓名：

性别：

时间：

地点：

小组前访谈问题：

1. 针对之前手工活动过程中产生人际关系冲突情况，您有什么看法？

2. 您认为此次产生人际关系冲突的主要原因是什么？

3. 您认为这类冲突是否可以避免？原因是什么？

4. 您认为您来中心参加手工活动的主要目的是什么？

5. 您认为参加手工活动对老年人的人际关系有作用吗？

6. 就您而言，您更喜欢参加什么类型的手工活动？

7. 您认为针对手工课堂应该建立哪些规则大家更容易接受和遵守？

小组介入后成员访谈问题：

1. 您认为社工开展手工小组与原常规手工活动有什么区别吗？区别点有哪些？

2. 您参加了手工小组后，您有什么感想？手工小组对您处理同辈关系有什么影响？

3. 参加手工小组之后，您有哪些收获？您认为小组规则的建立是否重要，说说您的观点？

4. 回想小组之前产生的冲突，您认为您的人际关系有哪些变化？

附录2　满意度问卷

为不断提高我们的服务水平，特邀请您填下对此次服务的宝贵意见。甲部分请在您认为代表您评价的分数上打√，乙部分请写其他补充意见，完成之后烦请交给工作人员，多谢合作！

小组名称:“衍艺花漾夕阳”——老年人手工互助小组 编号:

小组目标:1. 减少原有成员间的摩擦与矛盾，增进新旧成员之间的了解与认识，加深他们之间的沟通交流。2. 提高老年人的学习能力，如组员手、眼的协调能力。3. 了解老年人的需求，让老人感受老有所用、老有所乐、放松身心，丰富老年生活。4. 帮助他们认识自己的情绪，获得心理和社会支持。5. 引导他们树立新的生活目标、培养新的兴趣，正面地面对生活中的困难，学会欣赏自己，认识到自身价值。6. 重建社会支持网络、自主感、自信心、自尊心，充分发挥老年人的优势，培养其有用感和满足感。

甲、对以下事项进行评价（请勾出√以下最能代表您意见的答案）

	非常不满意	不满意	一般	满意	非常满意
1. 我满意以下的小组内容	1	2	3	4	5
1.1　社工介绍及小组介绍	1	2	3	4	5
1.2　活动契约制定（活动规则）	1	2	3	4	5
1.3　丝网花、衍纸手工制作	1	2	3	4	5
2. 小组达成了以下目标					
2.1　同辈人际关系修复与构建（交朋友）	1	2	3	4	5
2.2　心理、情绪调节（老有所乐）	1	2	3	4	5
2.3　社会支持网络构建	1	2	3	4	5
3. 工作员表现					
3.1　我满意工作人员的工作表现	1	2	3	4	5
3.2　我满意工作人员的工作态度	1	2	3	4	5
4. 我满意小组的时间	1	2	3	4	5

（续表）

	非常不满意	不满意	一般	满意	非常满意
5. 我满意小组的形式	1	2	3	4	5
6. 我满意小组的场地	1	2	3	4	5
7. 我投入此小组	1	2	3	4	5

乙、您对小组的其他意见或建议是：

____

参加者姓名（可选择不填）：____________

后 记

转眼之间，“青学社工”大学生社会实践基地项目从2015年5月正式运作到现在已实践7年。“青学社工”项目基于社会工作教育和实践的本土化，从最初的社会工作专业与柳南区河西街道办建立“河西社工”大学生社会实践基地项目（“青学社工”的雏形），到社会工作专业与城中区潭中街道、静兰街道共建“青学社工”大学生社会实践基地项目，再到目前社会工作专业在建立“青学社工”实践服务柳南基地以及在融安县新桂村开展乡村振兴实践等，“青学社工”大学生社会实践基地项目的服务地域从一个街道拓展两个街道再扩展到不同城区和县城，服务范围从城市社会治理扩大到聚焦农村乡村振兴，服务场所和领域在不断扩大，社会工作服务在不断推进，社会工作教育本土化在不断深入。

同时，让人惊喜的是，社会工作专业在与民政局共建市级社会组织孵化基地这几年里，对本土社会组织的产生、成长以及社会工作人才的培养发挥了重要的推动作用。经过社会工作专业对本土社会组织的孵化、培养、培训和提升等专业服务之后，本土社会组织的数量实现了从零星几个到上百家的突破。这些本土社会组织的负责人从对社会工作专业的懵懵懂懂到可以游刃有余地开展专业服务，并在不同的服务领域中发挥着越来越重要的“第三方角色”作用；同时这些组织又成为专业实践教学科研的案例和合作单位，促进社会工作专业教育和实践本土化的进一步探索和发展。

最后，期望“青学社工”大学生社会实践基地项目在学校“校市相融、校企合作”办学特色的基础上继续拓展、探索“校政社”协同育人教学的模式和专业优势的志愿服务路径，进一步展现培养学生社会工作实务能力、调研能力、综合素质的积极作用，不断提升和创新自身的项目化、社团化、常态化。

作 者

2022年5月